D1298435

# Les monologues du pénis

## Du même auteur

*La santé n'est pas l'absence de maladie*, Montréal, Libre Expression, 1988

*Cœur de Père*, Montréal, Libre Expression, 1990

*Les Marchands d'âmes. Essai critique sur le Nouvel Âge*, Montréal, Éditions internationales Alain Stanké, 1998

*Plaisirs et défis du lien amoureux*, Montréal, VLB éditeur, 2000

*Mémoire de guerrier. La vie de Peteris Zalums*, Montréal, Mémoire d'encrier, 2005

MICHEL PRUNEAU

# Les monologues du pénis

LANCTÔT
ÉDITEUR

LANCTÔT ÉDITEUR
4703, rue Saint-Denis
Montréal, Québec
H2J 2L5
Téléphone: (514) 680-8905
Télécopieur: (514) 680-8906
Adresse électronique: info@lanctot-editeur.com
Site Internet: www.lanctot-editeur.com

Impression:
Transcontinental


Conception de la couverture: Jimmy Gagné
Mise en pages: Geneviève Nadeau
Photographie de l'auteur: Jean Bernier


Distribution:
Prologue
Téléphone: (450) 434-0306 / 1-800 363-3864
Télécopieur: (450) 434-2627 / 1-800 361-8088

Distribution en Europe:
Librairie du Québec
30, rue Gay-Lussac
75005 Paris
France
Télécopieur: 01 43 54 39 15
Adresse électronique: liquebec@noos.fr

Nous remercions le ministère du Patrimoine canadien et le Conseil des Arts du Canada de l'aide accordée à notre programme de publication. Nous remercions également la SODEC, du ministère de la Culture et des Communications du Québec, de son soutien. Lanctôt éditeur bénéficie du Programme de crédits d'impôt pour l'édition de livres du gouvernement du Québec, géré par la SODEC.

Nous reconnaissons l'aide financière du gouvernement du Canada par l'entremise du Programme d'aide au développement de l'industrie de l'édition (PADIÉ) pour nos activités d'édition.

Dépôt légal – 2007
Bibliothèque et Archives nationales du Québec
Bibliothèque nationale du Canada
ISBN-10: 2-89485-380-7
ISBN-13: 978-2-89485-380-1

# Remerciements

Il me serait impossible de remercier individuel-lement toutes les personnes qui m'ont communiqué leurs réflexions au cours des années. Le matériel qui a servi à élaborer les présents monologues a parfois été capté à leur insu, que ce soit lors de discussions entre hommes dans un vestiaire de hockey ou lors de ren-contres plus formelles. Plusieurs idées me sont venues au contact d'hommes et de femmes qui ont participé à la formation professionnelle en massothérapie et relation d'aide, dont j'ai eu la responsabilité pendant plus de 15 ans au cégep Marie-Victorin.

Je remercie donc chaleureusement tous les hommes qui m'ont communiqué, à un moment ou l'autre de leur vie, leurs préoccupations concernant la condition masculine. Je tiens à remercier particulièrement : Mathieu Lachance, Martin Bisaillon, Claude Lévesque, Laurent Arsenault, Denis Trudel, Alain Comtois, Jacques Roy, Bernard Couet, André Lépine, Pascal Forget, Jean Gosselin, Richard Gosselin, Jean Lacombe, Claude Labbé, Robert Carrière, Antoine Landry, Robert Allard, Jean-Benoit Lajoie, Charles Plourde, Pierre Laroche, Jean-Pierre Miron, Jean-Pierre Simoneau, Nelson St-Gelais, Marc Vachon, Jacques Laplante,

Constantin Fotinas, Pierre Zalums, Rodney St-Éloi, Lucien Auger, mon père Alexandre, mes frères René et André, de même que mes fils Benjamin et Étienne que je vois maintenant devenir des hommes.

Merci à Yolande Garant, complice de mes projets.

Merci à Louise Greffard, Vicky Dubois, Natacha Maillé et Nicole Provost.

Merci à Corinne Danheux pour la correction du manuscrit.

Finalement, un merci tout spécial à Michel Brûlé pour ses suggestions pertinentes et son enthousiasme à réaliser le projet des *Monologues du pénis*. Le présent ouvrage lui doit beaucoup.

# Introduction

Regroupant les témoignages intimes de plusieurs hommes, *Les monologues du pénis* constituent un manifeste du désir masculin.

Depuis plus de 15 ans, notamment en écrivant un ouvrage sur la paternité[1] et un autre sur la culture des relations amoureuses[2], j'ai poursuivi une réflexion concernant la sexualité masculine. Pour le présent ouvrage, j'ai tenté d'effectuer une synthèse des préoccupations des hommes avec lesquels j'ai eu le plaisir de discuter au cours de mes périodes de recherche et d'écriture.

Pour représenter la diversité des réflexions masculines concernant le pénis, j'ai donné la parole à cinq types d'homme personnifiant les principaux points de vue. C'est ainsi que sont nés les personnages suivants :

• dans la belle vingtaine, **Luc, le pénis ludique** est en quête du plaisir avant tout, mais il rencontrera les épreuves qui accompagnent toute relation amoureuse ;

---

1. *Cœur de Père*, Montréal, Libre Expression, 1990.
2. *Plaisirs et défis du lien amoureux*, Montréal, VLB éditeur, 2000.

• dans la trentaine énergique, **Claude, le pénis en colère** est particulièrement révolté par un certain féminisme qui dévalorise systématiquement le sexe masculin. Au passage, il dénoncera quelques incohérences de la modernité ;

• avant de trouver l'amour, **Antoine, le pénis angoissé** a reçu une éducation qui ne valorisait pas le plaisir. En pleine crise de la quarantaine, il traversera quelques épreuves significatives ;

• authentique baby-boomer, **Philippe, le pénis philosophe** a été aux premières loges de la révolution sexuelle. Malgré l'andropause, il compte bien demeurer fidèle à sa pulsion de vie jusqu'à son dernier souffle ;

• pacifié par ses soixante années d'expérience, **Victor, le pénis visionnaire** propose quelques pistes de réflexion visant à renouveler la culture des relations entre hommes et femmes au troisième millénaire.

Serons-nous étonnés du fait que la quête du plaisir occupe une place centrale dans le discours des hommes ? Pourtant, lorsque nous prenons le temps d'écouter les hommes, il n'est pas rare qu'ils évoquent des angoisses et de grandes déceptions. Un dénominateur commun apparaît dans les discours masculins : l'insatisfaction concernant la fréquence des relations sexuelles. La majorité des hommes sont en effet aux prises avec des tensions internes liées à la force de leurs pulsions. *Les monologues du pénis* constituent une occasion de comprendre ce phénomène et ses conséquences dans la vie des hommes.

Cette insatisfaction est-elle le résultat de besoins biologiques trop importants et finalement impossibles à assouvir par nature ? Cette tension interne ne serait-elle pas aussi liée aux règles culturelles qui gouvernent la satisfaction de nos désirs ? Quelle est la part de responsabilité des femmes à cet égard ?

Certains textes tirés des *Monologues du vagin,* de l'Américaine Eve Ensler, font l'éloge de l'homme amoureux du sexe des femmes. Dans cet intéressant discours féministe sexué, ces hommes sont considérés comme des êtres très évolués. La majorité des hommes est sans doute d'accord, mais en contrepartie, est-ce qu'une femme qui manifeste son amour du phallus sera perçue comme un être d'une culture supérieure, ou plutôt comme une victime potentielle du pouvoir des hommes ? Si l'art du cunnilingus témoigne du développement amoureux des hommes modernes, est-ce que le féminisme et l'art de la fellation forment aussi un couple reflétant un haut degré d'évolution culturelle ? Du point de vue du pénis, la réponse est définitivement affirmative ! Et nous ne pouvons que souhaiter que toutes les activités sexuelles, pratiquées entre adultes consentants, acquièrent le même statut libérateur.

Socialement, il est actuellement de bon ton de représenter les mâles comme ayant un quotient intel-lectuel qui s'apparente à celui du gorille. Dans les publicités, une nouvelle mode permet que les mâles soient ridiculisés, humiliés ou carrément rudoyés par des femmes en situation de pouvoir. Est-ce que cette agressivité devient justifiable lorsque ce sont des femmes qui sont dominantes ? Comment doit-on interpréter le silence des groupes de femmes qui se font habituellement un devoir de dénoncer les œuvres sexistes ? Le sexisme devient-il acceptable lorsque les hommes en sont la cible ? Il faudra répondre à ces questions si nous désirons vraiment une culture de l'égalité des sexes.

Une chose est claire pour les hommes de désir : la guerre des sexes a assez duré. Ce n'est pas parce que les femmes ont historiquement été dominées que les hommes devraient l'être durant quelques centaines d'années pour équilibrer les choses. Ne serait-il pas souhaitable d'ouvrir un espace libre de toute représentation du passé pour mieux comprendre les besoins fondamentaux des hommes et des femmes qui croient encore qu'il est possible de vivre ensemble ?

Pour explorer les thèmes importants qui jalonnent la vie d'un *Homo sapiens* mâle, *Les monologues du pénis* proposent une série de textes évoquant les plaisirs et les défis du sexe masculin, de la naissance à la mort. Certains textes témoignent de l'histoire intime des hommes, alors que d'autres proposent des réflexions plus musclées sur des sujets d'actualité. Les textes des cinq types d'hommes ont été intercalés de façon à ce que la séquence des discours corresponde aux différentes étapes de leur vie. Au-delà du ton parfois ironique ou mordant, l'objectif commun de ces monologues est de mieux faire comprendre la condition masculine en espérant améliorer la qualité des communications entre hommes et femmes.

Voici donc les monologues de cinq membres en règle du genre masculin. Bonne lecture[3].

Michel Pruneau

Pour faire parvenir un commentaire à l'auteur : dragon.com@sympatico.ca

---

3. Pour faciliter la lecture, le lecteur trouvera à la fin de l'ouvrage les textes regroupés par personnage.

# Les monologues du pénis
## par ordre de présentation

# La Genèse revue et corrigée par le pénis

## Victor, le pénis visionnaire

Nous ne savons pas pourquoi l'univers existe. Ça aurait été si simple qu'il n'y ait rien. Une paisible absence d'existence. Rien. Rien de créé, rien de perdu. Un sommeil d'éternel silence.

Mais voilà. L'univers existe. Est-ce qu'une force intelligente a créé cette matière colossale? Et cette force intelligente, si elle existe, qui l'aurait créée? La question n'a simplement pas de sens. Elle se perd dans les mystères de l'infini. Pour érotiser les questions existentielles, nous pourrions peut-être imaginer qu'un phallus et un vagin cosmiques ont eu plaisir à enfanter l'univers. Le fameux big-bang était peut-être un orgasme.

Alors que l'intelligence humaine n'était même pas encore imaginée, s'ensuivit une orgie de naissances d'étoiles et de galaxies. De l'histoire de l'univers, nous aurons manqué environ 15 milliards d'années. Au cours de cette grande odyssée de l'existence, nous avons tous été inexistants bien plus longtemps que vivants. Des étoiles cent fois plus grosses que le Soleil ont eu le temps de naître, de briller durant des millions d'années, puis de disparaître sans que personne ne s'en aperçoive. Ces grandes disparues étaient parfois si loin de la Terre que la lumière qu'elles ont émise durant leur vie nous parvient encore. Elles ne disparaîtront réellement de notre voûte étoilée que dans quelques milliers d'années. Comme l'amour, le ciel est rempli de vérités et de mensonges étourdissants.

Lorsque la terre a finalement permis l'éclosion de la vie, l'idée de l'être humain n'existait pas encore et les dieux n'avaient pas encore été imaginés. Des êtres unicellulaires sont apparus pour peupler les mers. Puis, par la magie du sexe, les espèces se sont multipliées à l'infini. Des poissons étranges se sont peu à peu transformés en reptiles, en insectes et en oiseaux aux mille couleurs. La végétation a recouvert la terre. Beaucoup plus tard, les dinosaures sont apparus, ont dominé le monde et ont disparu, permettant aux mammifères de se développer dans un environnement hostile.

Il y a quelques millions d'années, de grands singes se sont accouplés dans une caverne, près d'un feu. Ces lointains ancêtres de l'humain répondaient au même instinct de survie qui assure une descendance à toutes les espèces animales. En développant lentement leur pensée, ces animaux particuliers ont accédé à la conscience de leur propre existence. Ils ont lentement réussi à communiquer ce qu'ils ressentaient et ont organisé leur existence pour mieux survivre. Les habiletés intellectuelles de l'*Homo sapiens* se sont développées et l'humanité a pris son envol, jusqu'à donner naissance à des civilisations.

Du développement du langage a découlé le raffinement de cette intelligence, et en tant qu'héritiers de la pensée humaine, nous sommes aujourd'hui les seuls animaux à pouvoir réfléchir à notre propre avenir. C'est ainsi qu'aujourd'hui, nous avons le privilège de nous poser de graves questions sans réponse sur le sens de l'existence et de notre destinée.

L'histoire s'est poursuivie et des pharaons se sont fait construire des pyramides grandioses. Il y a plus de 2 000 ans, Jésus de Nazareth a été assassiné puis enterré. Le 14 mars 1879, Albert Einstein est venu au monde et le 20 avril 1889, un enfant nommé Adolf Hitler a aussi vu le jour. À cette date, la totalité de l'humanité actuelle n'avait pas encore fait son entrée dans l'existence. Nous étions encore étrangers aux grandeurs et aux misères de la vie terrestre. Dans cet état d'absence, nous ne ressentions aucune angoisse. Il est plutôt simple de ne pas être vivant.

Mais un jour, dans cette grande aventure de la matière, les sexes d'une femme et d'un homme amoureux se sont unis. Nous avons tous été la rencontre entre un spermatozoïde et un ovule. Nous sommes tous une histoire de désir, et c'est ce désir amoureux qui nous a permis de voir le monde apparaître peu à peu.

La naissance est un mystère de sensations oubliées d'où émerge notre petite enfance. Pendant que notre histoire individuelle prend forme, les plaisirs de la vie, dans notre mémoire, font écho aux douleurs. Nous avons eu mal au ventre et on nous a donné à boire. Nous avons eu froid et on nous a couverts. Nous avons eu peur et nous avons été bercés. Idéalement, la douleur est un appel entendu que le plaisir permet d'oublier. Malheureusement, il arrive aussi que la frustration des besoins conduise à l'angoisse de la solitude. Mais peu importe la force des plaisirs ou l'intensité des douleurs, la lutte pour la survie durera jusqu'à notre mort.

Au cours de cette trop courte existence humaine résultant d'une rencontre érotique, nous aurons la chance de réaliser quelques rêves. Car nos corps, constitués de la même matière que les étoiles, sont animés par le désir. À cet égard, le sexe des femmes et celui des hommes ont tous une histoire à raconter.

# Quand le pénis est un problème

## Antoine, le pénis angoissé

Si un chromosome sexuel X se lie à un chromosome sexuel Y, l'enfant sera un garçon. La vie nous est donnée, et on ne décide pas de son sexe.

Je suis donc né avec un pénis, au milieu des années 1960. Je sais très bien que, dans plusieurs régions du monde, le simple fait d'être né de sexe masculin représente un net avantage. Même dans le règne animal, du requin à l'humain, en passant par le gorille et le chien, les mâles sont souvent dominants. Cette propension à la domination est biologique et participe à la survie des espèces. Chez l'humain, les mâles ont génétiquement hérité d'un niveau élevé de testostérone et d'une grande force musculaire. Les mâles ont donc été naturellement désignés pour combattre, que ce soit pour nourrir la famille, protéger la tribu ou défendre le pays. Comme les animaux, nous établissons un territoire de chasse. Et puisque gagner est une question de survie, les hommes éprouvent du plaisir à rivaliser. La popularité des sports collectifs chez les hommes relève de ce besoin primaire d'affrontement, tout en leur permettant de socialiser.

Pourtant, cette virilité, qui trouve sa satisfaction et son apaisement dans la sexualité, n'est pas automatiquement valorisée au cours de l'enfance du mâle humain. Pour ma part, je suis né dans une famille où la sexualité et le plaisir étaient suspects. Pour mes parents, dans la nature, une force diabolique rivalisait avec une force divine. Le mal était associé au sexe, alors que Dieu, en colère contre l'humanité, était considéré comme un esprit du bien. Conséquemment, mes premiers souvenirs de pénis sont plutôt sombres.

Je suis au chaud, sous des couvertures et, soudainement, un inconfort m'envahit. Je ressens une pression interne suivie d'une sensation d'ouverture. Au milieu de mon corps, un liquide chaud et réconfortant coule sur ma peau. Pendant un certain temps, une chaleur bienfaisante m'enveloppe, mais le temps passe et le bien-être se transforme en inconfort. On s'occupe finalement de moi. Je suis exposé à l'air libre. Je frissonne. Je suis lavé et séché, et de nouveau une douce chaleur me recouvre. Jusque-là, ça va. Mon pénis ne sert qu'à évacuer de l'urine.

Un peu plus tard, après avoir souvent éprouvé la honte de mouiller mes vêtements, on m'a appris à me contrôler. Lorsque je prenais place sur un pot en plastique rouge, je me souviens d'un drôle de bruit et des regards désapprobateurs de ma mère, car j'arrosais tout, autour de moi, comme un jardinier. Il m'a donc fallu grandir encore et on m'a appris à faire pipi debout, comme un homme… en inondant le siège de toilette, comme il se doit! Mon pénis a commencé sa carrière en exaspérant ma mère.

Un jour, alors que j'étais dans le bain, ma mère qui me lavait doucement a déclaré à mon père, qui était dans l'embrasure de la porte de la salle de bain : « Y a un problème avec son pénis. » Mon père n'est pas venu voir le problème, et moi, je n'ai pas compris ce qui n'allait pas. Je pataugeais dans le bonheur en savourant la douceur des mains de ma mère sur ma peau. Une curieuse excitation s'était propagée à l'ensemble de mon corps. Une sensation de plaisir s'est peu à peu localisée dans mon pénis. C'est alors que ma mère a tenté une manœuvre que je ne pouvais pas prévoir. Dans un mouvement brusque, elle a essayé de décoller le prépuce de mon gland. Le plaisir dans lequel je baignais s'est transformé brutalement en douleur absolue. J'ai perdu le souffle et j'ai vu du sang couler de mon pénis.

J'ai alors pensé que le problème devait être le plaisir que j'avais éprouvé dans mon pénis, juste avant la douleur. Ces premières érections étaient-elles une erreur de la nature ? Dans les jours qui ont suivi, chaque fois que j'avais une érection, l'excitation était accompagnée d'une insupportable sensation de déchirure. Mon prépuce n'était décollé que d'un seul côté. Une plaie à vif s'était formée. Là, c'était clair, j'avais vraiment un problème avec mon pénis.

Comme je le disais, dans ma famille, le plaisir semblait interdit. Au cours de mon enfance, je n'ai jamais été témoin du désir de ma mère pour mon père, et lui non plus n'était pas tendre. Les êtres qui m'ont mis au monde ne m'ont jamais semblé amoureux.

À cette époque, je me souviens que mon père revenait toujours de travailler avec un journal de mauvaises nouvelles sous le bras. Son retour à la maison mettait fin aux plaisirs de l'enfance. Je me souviens de l'impression étrange que j'ai eue en apercevant le pénis de mon père, alors que celui-ci sortait de la douche. Son pénis, plus gros que le mien, ressemblait à un chapeau mauve enfoui dans une forêt de poils noirs. Son sexe semblait tout droit sorti de la préhistoire. Je ne pouvais pas croire que mon pénis allait devenir aussi sombre en vieillissant. Mon seul réconfort était qu'il allait atteindre une plus grande taille.

Depuis que ma mère avait tenté de dilater mon prépuce, elle considérait de plus en plus mon pénis comme un problème à résoudre. Je n'avais pas hérité d'un sexe pour avoir du plaisir et je n'avais jamais eu le droit d'y toucher par plaisir. Un jour où j'avais été surpris en train de jouer avec mon pénis, ma mère m'a dit que c'était très mal et que si je recommençais, Dieu-qui-nous-voyait-toujours serait fâché contre moi. Dieu s'ennuyait donc tellement qu'il passait son temps à surveiller les petits garçons qui découvraient les plaisirs de la masturbation.

Et comme si mon corps était d'accord avec cette étrange conception asexuée de la vie, mon pénis était devenu un problème.

Au début de la vie d'un animal humain, pourquoi faut-il que le prépuce soit collé au gland ? Étrange défaut de fabrication non ? Faut-il que l'expérience de la douleur soit inscrite jusque dans notre sexe ? À moins que ce « problème » soit encore une invention humaine. D'après ce que l'on sait aujourd'hui, il ne faut surtout rien faire pour décoller le prépuce des nourrissons. Le fait de laisser les petits garçons se masturber doucement leur permettrait de décoller naturellement leur prépuce. Comme pour tous les animaux, la nature se charge elle-même du développement du pénis humain.

Dans mon cas (et je ne suis pas le seul), les tentatives ratées de décollement de mon prépuce avaient entraîné une cicatrisation incomplète et une douleur importante lors de mes érections. Tous les hommes ne sont pas traumatisés par ces manœuvres de décollement, mais pour moi, ces moments d'angoisse constituaient un rappel physique de l'interdiction du plaisir qui prévalait dans ma famille.

Par ailleurs, est-il normal que ce soit les mères qui aient hérité de la responsabilité de «décalotter» le prépuce de leurs fils? Nous acceptons d'emblée que les mères assument globalement les soins des enfants, mais comment réagirait-on si les pères prenaient l'initiative de déchirer l'hymen de leur petite fille? L'idée est tout simplement insupportable, mais il semble que la même logique ne s'applique pas au pénis. À travers l'histoire, le prépuce a fait l'objet d'un étrange acharnement.

Ma mère m'a finalement amené chez un médecin qui m'a examiné en me faisant mal, lui aussi. L'homme a dit à ma mère que je devais aller à l'hôpital pour une circoncision, sans m'expliquer ce mot bizarre. Quelques mois plus tard, je me suis rendu à l'hôpital. Pris de panique après le départ de ma mère, je n'avais encore rien compris de ce qui n'allait pas avec mon pénis. Une grosse infirmière m'a menacé de me faire une piqûre si je n'arrêtais pas de pleurer. Je me souviens du moment précis, le lendemain, où j'ai perdu conscience sur la table d'opération, et du moment où je me suis réveillé avec un pansement ensanglanté autour du pénis. J'avais tellement mal que je me suis demandé si on ne me l'avait pas coupé. Et chaque fois que je me plaignais, la grosse infirmière sadique me menaçait, comme si je n'étais pas déjà suffisamment mal en point.

Quelques jours plus tard, je suis revenu à la maison en marchant comme un cow-boy pour empêcher mes vêtements de frotter sur mon gland à vif. Une autre infirmière, qui était aussi religieuse, est passée à la maison pour changer le pansement. Elle était gentille mais, en partant, elle m'a dit qu'elle allait prier pour moi. Le vieux schnock voyeur à grande barbe s'arrangeait encore pour être informé de ce qui se passait dans mon pantalon.

Un peu plus tard, j'ai appris que plusieurs petits garçons du monde étaient circoncis pour des raisons religieuses. Il m'était encore plus difficile de comprendre en quoi la mutilation d'organes génitaux pouvait avoir une fonction religieuse. Déjà que Dieu était contre la masturbation, c'était le comble qu'il exige que des sexes soit blessés en échange de son amour !

Sur notre bonne vieille terre, en ce XXI$^e$ siècle, des enfants sont encore mutilés à froid pour des raisons qui relèvent de codes dictés par la religion. C'est ce qu'il y a de pire avec les religions. Les beaux discours de prétention à l'amour servent à cacher des gestes qui condamnent l'être humain à la honte de lui-même. Lorsque la culture s'oppose à la nature, le malheur n'est jamais bien loin.

En attendant que mon pénis guérisse, j'ai passé beaucoup de temps à flatter mon chat Arthur. Je me suis dit qu'il avait bien de la chance de ne rien comprendre des problèmes des humains. Lui, au moins, je pouvais le caresser tranquillement.

# La fierté d'être mâle

## Philippe, le pénis philosophe

Mon premier souvenir de pénis remonte à la fin des années 1950, alors que j'étais en première année. Dans la cour de l'école, un de mes amis m'avait proposé de grimper à un poteau en métal. Il m'avait dit : « Tu vas voir, ça fait quelque chose de très spécial. » Sans savoir à quoi m'attendre, je me suis mis à tirer de toutes mes forces avec mes bras pour me soulever de terre. C'est alors que la pression du métal sur mon pénis a produit un immense choc électrique qui a traversé mon corps. Envahi par cette sensation intense, j'ai d'abord pensé que le poteau était électrifié et je l'ai lâché. Je me suis retrouvé au sol, sur le dos, survolté ! Des étoiles dansaient dans ma tête. J'ai senti que mon sexe avait durci. La sensation émergeait de cette région. À travers de gros nuages blancs, des trouées de ciel bleu semblaient m'inviter à m'envoler. Comme dans la fable de Jack qui grimpe sur une tige de haricot pour se rendre dans un pays magique, je voulais passer ma vie à refaire cette expérience. Je venais de découvrir le sens de l'existence. Monter. Éprouver du plaisir. Bander.

Dans l'état où j'étais, j'ai pensé que je n'aurais jamais plus à me soumettre aux exigences du monde. J'ai cru que je ne perdrais jamais cet état que je venais d'atteindre. Mais la cloche de l'école a sonné, et j'ai été obligé de rejoindre mes camarades, en silence dans les rangs. La normalité des choses a fondu sur moi comme un grand rapace. Je devais aller apprendre. La vie devait attendre.

Je n'étais pas d'un naturel docile, mais à partir de ce jour il m'a été encore plus difficile de me soumettre à l'autorité. Je n'arrivais plus à oublier le plaisir. Plutôt que d'être attentif aux leçons de français et de mathématiques, je remarquais le caractère triste de l'institutrice. Elle semblait tellement étrangère au plaisir que je venais d'éprouver. Je me souviens aussi d'un vieux prêtre desséché qui venait nous rencontrer pendant les cours de religion. Il nous obligeait à répéter des formules magiques pour le «salut de notre âme après la mort». Mais il était trop tard pour moi. La vie avant la mort retenait toute mon attention. Un feu d'enfer brûlait dans mon ventre, et je ne rêvais que d'être consumé.

Au cours des mois qui ont suivi, je me suis senti propulsé dans l'avenir sans pouvoir me retenir. Je devais courir pour ne pas exploser. Je voulais rivaliser et gagner dans tous les jeux où je ne dépensais qu'une parcelle de l'énergie qui me mobilisait. J'étais toujours prêt à me battre sans raison valable. Je devais constamment être en mouvement. Mon sang bouillait dans mes veines. Je rêvais de faire des choses grandioses: participer à la conquête de l'espace, devenir un grand joueur de hockey, une star du rock ou construire des tours plus hautes que l'Empire State Building. J'étais un problème constant pour tous mes professeurs. Je le savais bien, mais je n'y pouvais rien. Aujourd'hui, on dirait que je souffrais d'un déficit d'attention. Pourtant, dans les sports et pendant les activités manuelles, je n'avais aucune difficulté à me concentrer. Il fallait que mon corps soit sollicité et en mouvement.

Plusieurs années plus tard, je suis devenu un adolescent révolté, mais j'ai eu la chance de rencontrer un homme qui allait changer le cours de ma vie. Lorsque j'ai fait la connaissance de Pierre, un ancien prêtre qui enseignait à l'école de mon quartier, il venait tout juste de se marier et il avait l'air de bien connaître l'excès de vitalité qui m'habitait. À l'école, au lieu de nous donner un cours de religion, sa matière officielle, Pierre nous donnait de l'information sur la biologie humaine et la sexualité. Il était un précurseur, et c'est sans doute pour cette raison que le directeur de l'école ne l'aimait pas beaucoup. À travers la porte du bureau du directeur, on les entendait parfois se parler vertement.

Tous les garçons de l'école savaient que Pierre les comprenait et qu'il se battait pour leur bonheur. Il nous donnait le droit d'être des mâles et il essayait de nous faire comprendre les phénomènes qui se produisaient dans nos corps. Dans sa classe, il ne perdait pas son temps à faire des discours ennuyeux. Il nous faisait asseoir en cercle et nous invitait à raconter nos histoires de gars. Il répondait à nos questions sur le corps humain et sur les relations avec les filles, qui nous intéressaient vivement.

Avec le temps, Pierre a réussi à me faire lire quelques livres. Lorsque je posais trop de questions, à la suite de mes lectures, il m'amenait faire du sport. En rassemblant les garçons autour de son énergie d'homme tranquillisé par l'amour, il nous permettait d'être nous-mêmes, tout en nous empêchant indirectement de faire des conneries et de glisser dans la délinquance. Pierre était de ces hommes qui reconnaissent la valeur de la force brute qui habite les garçons, et il nous aidait à trouver une place dans la société.

Un jour, Pierre nous a fait découvrir Diogène de Sinope, le philosophe grec qui vivait dans un tonneau. J'avais été très impressionné par le mélange de sagesse et de folie de cet homme d'une autre époque. Bien des années plus tard, j'ai lu quelques ouvrages de philosophie afin d'en apprendre davantage sur ce philosophe qui refusait tout conformisme. J'ai appris que sa philosophie concrète se traduisait par des actes volontairement provocateurs, comme se masturber en public. Je me suis rendu compte que j'avais finalement eu une adolescence bien sage en comparaison de la vie de cet illustre personnage. Mais lorsque j'étais jeune, la rencontre de Diogène m'avait permis de considérer comme une valeur mon désir de liberté.

En donnant plus d'importance à la vie concrète qu'aux discours intellectuels, Diogène avait vécu dans un tonneau. Moi, je voulais vivre ma vie suspendu à un poteau !

# L'interdiction de Spiderman et la violence faite aux garçons

## Claude, le pénis en colère

Les garçons vivent actuellement une crise d'identité. Depuis que les rôles traditionnels ont été remis en question, il faut se définir soi-même, et le fait d'avoir un pénis ne permet plus automatiquement de jouer un rôle de dominant dans nos sociétés occidentales. Le genre masculin semble de plus en plus difficile à assumer, comme l'indiquent les taux élevés de décrochage scolaire et de suicide chez les garçons. Puisque ces problèmes humains concernent l'ensemble de la société, il faudra sans doute remettre en question quelques tendances lourdes qui briment la nature intime des garçons. Ce n'est pas en essayant d'annuler les particularités du genre masculin que nous construirons un monde meilleur. Spiderman pourrait-il nous aider dans cette tâche essentielle ?

Il faut savoir que les petits garçons du XXI<sup>e</sup> siècle n'ont pas le droit de porter un chandail affichant la figure héroïque du personnage de Spiderman lorsqu'ils vont à la garderie ou à l'école. C'est interdit !

En utilisant les arguments d'un féminisme de castration, les adultes en position d'autorité considèrent les représentations de personnages de bandes dessinées comme un danger pour la société. Au même moment, dans des spectacles présentés aux parents, les petites filles de première année peuvent se présenter accoutrées comme des putes en chantant du Britney Spears, mais les petits garçons ne peuvent pas porter un t-shirt arborant l'image d'un héros justicier.

Récemment, la Cour suprême du Canada a autorisé le port du *kirpan* à l'école, à condition que ce petit poignard cérémonial soit cousu dans son étui, en prétextant qu'il s'agit d'un respectable symbole religieux. Le jugement est prononcé, et nous devrons vivre avec. Je me souviens d'ailleurs, en tant que scout, avoir passé mon enfance et mon adolescence avec un canif suisse dans mes poches. La maîtresse d'école demandait même mon aide pour couper des cordes lorsqu'elle recevait des colis. Les temps ont bien changé. Faudra-t-il maintenant que la Cour suprême se saisisse de la cause des chandails des petits garçons pour nous expliquer en quoi la représentation symbolique de Spiderman est génératrice de violence? Un gaminet coloré est-il une représentation plus menaçante pour la démocratie ou la santé mentale que le foulard islamique?

Sans attendre d'avis légal sur le sujet, des bataillons d'intervenants scolaires et de pédagogues confus prétendent que les représentations graphiques de héros de bandes dessinées favorisent le développement de comportements violents chez les petits garçons. Même à l'Halloween, il est maintenant interdit de se déguiser en cow-boy, car les armes à feu sont prohibées dans une école! Ça fait peur.

En promulguant cet interdit au profit d'un monde inodore, incolore, sans saveur, sans fumée et sans alcool, les adeptes de la castration du mâle appliquent la dangereuse philosophie de la tolérance zéro.C'est Staline comme modèle de communication! En prétendant éduquer les petits garçons à la non-violence, ils proposent un douteux amalgame entre la représentation d'un héros justicier et les comportements violents. Ce raccourci intellectuel laisse penser que, potentiellement, tous les mâles sont des bombes à retardement, et que même une représentation héroïque valorisante au plan symbolique est une porte ouverte à l'émergence de délinquants psychopathes. Si le *kirpan* peut être perçu comme un symbole de fierté et de paix, il faudra sans doute préparer un dossier étoffé pour convaincre la Cour suprême que l'interdiction d'arborer des héros sur des t-shirts est une discrimination envers le genre masculin. Avant d'en arriver à fonder une nouvelle religion qui permettrait de porter tous les vêtements distinctifs que l'on veut, essayons modestement d'en appeler au bon sens en présentant ici la personnalité de Spiderman. Un peu plus loin, pour le bien de l'humanité, nous tenterons aussi de réhabiliter l'incroyable Hulk, mais commençons par le cas de Spiderman, car la défense d'une cause à la Cour suprême coûte très cher. Les avocats qui défendent la thèse des accommodements raisonnables (dont maître Julius Grey au Canada) accepteront-ils un mandat de l'Aide juridique pour aider les garçons à combattre les entreprises de castration qui s'exercent contre leur nature?

Au début des années 1960, Stan Lee et Steve Ditko créent le personnage de Peter Parker, un adolescent brillant, mais fragile. Orphelin, Peter est élevé par sa tante May et son oncle Ben. Il a du mal à se faire accepter par ses camarades, dont il subit continuellement les railleries. Un jour, à la suite d'une expérience scientifique à laquelle il assiste, il est mordu par une araignée radioactive. Cette morsure va entraîner chez lui une transformation étonnante et l'apparition de superpouvoirs. Sa force en sera décuplée et il acquerra peu à peu une agilité hors du commun lui permettant de se déplacer en lançant des fils d'araignée, ainsi qu'un instinct affûté l'avertissant des dangers imminents.

Peter Parker va d'abord mettre à profit ses nouveaux pouvoirs pour gagner de l'argent, mais un drame va changer sa vie. Il laisse un voleur s'échapper alors qu'il aurait pu l'arrêter, prétextant que ce n'est pas son problème; son oncle Ben sera tué le soir même par un cambrioleur. Spiderman se lance alors à la poursuite de l'assassin qui, une fois arrêté, se révèle être le voleur qu'il n'a pas appréhendé. À cause de cet événement, sa vocation sera de lutter contre le crime et de suivre le conseil humaniste de son défunt oncle: «Un grand pouvoir implique de grandes responsabilités.» Spider-man est donc un héros qui favorise la responsabilité et le développement du sens civique. Spiderman est un héros citoyen. Aux avocats de nous dire maintenant si les garçons ont une bonne cause pour tenter de sortir de l'impasse psychologique dans laquelle ils se trouvent.

En utilisant la logique répressive de la simple vitalité naturelle, les pédagogues qui appliquent des mesures de castration interdisent aussi aux petits garçons de se tirailler à la garderie ou dans les cours d'école. Un deuxième amalgame intervient alors, associant toute manifestation de force masculine au spectre d'une agression potentielle. L'image de petits garçons qui s'amusent à lutter physiquement pour éprouver leur force physique, comme une portée de joyeux chiots, fait sombrer les esprits fragiles dans une torpeur délirante. Si nous n'y prenons pas garde, tous les petits garçons pourraient devenir des tueurs en série, tirant à la mitraillette dans les corridors de l'école, avant de s'enlever la vie. En s'appuyant sur cette logique ignorante de la plus élémentaire psychologie humaine, il est aussi interdit aux garçons de jouer au Roi de la montagne dans les cours d'école.

Pour ceux qui ne s'en souviennent pas, il s'agit d'un jeu qui se joue surtout l'hiver sur un tas de neige. Les enfants se disputent la place au sommet ; celui qui l'occupe et la conserve devient le roi de la montagne, en empêchant les autres de le détrôner. Récemment, à Montréal, un jeune professeur suppléant au primaire s'est amusé à jouer au Roi de la montagne avec ses élèves. En s'intégrant à ce jeu, il a pu observer comment les petits garçons éprouvent leur force et développent des attitudes de courage et de combativité, tout à fait compatibles avec des objectifs de réussite scolaire. Au cours du jeu, il a aussi observé que les petits garçons respectent généralement des limites saines. Il est bon d'utiliser la force, mais il est inacceptable de faire mal à un copain. La limite normale est la douleur et par ce jeu, les petits garçons apprennent à appliquer le précepte de Spiderman : « Un grand pouvoir implique de grandes responsabilités. »

Au retour de la récréation, ce jeune professeur a été convoqué dans le bureau de la directrice de l'école, où il a été sévèrement blâmé pour son attitude favorisant des comportements violents chez les garçons. Puisqu'il n'était que suppléant, il n'a jamais été rappelé à cette école. Comment les garçons peuvent-ils développer des modèles positifs de croissance si la moindre manifestation masculine normale est considérée comme une tentative d'invasion de la planète par George W. Bush?

Les jeux qui font appel à la force permettent d'apprendre à doser l'agressivité pour ne pas blesser l'autre. Un jeune garçon qui n'a jamais eu la chance d'explorer les limites entre le plaisir et la douleur risque fort d'être incapable de calibrer sa force et a beaucoup plus de chance d'exploser dans des comportements violents. Quand on connaît ses propres pulsions et qu'on les respecte, on sait que le refoulement est un danger psychique pour les êtres humains. En ce sens, le concept de la tolérance zéro est absolument ridicule, car il ne prend pas en compte le caractère naturel des pulsions agressives qui doivent être socialisées. S'il est compréhensible d'avoir peur de l'agressivité – encore faut-il comprendre pourquoi nous avons cette réaction –, il est inacceptable d'utiliser cette peur pour condamner la nature masculine en elle-même, comme si tous les hommes étaient potentiellement des brutes tarées.

Dans la même foulée, il est absolument ahurissant d'entendre les réactions instinctives des chantres du féminisme castrant lorsque vient le temps d'expliquer les gestes d'un tueur fou qui a explosé dans une école ou un autre lieu public. D'ailleurs, comme ces événements sordides ont souvent lieu dans des écoles, il faudrait peut-être se demander si cette institution n'apparaîtrait pas, dans un cerveau blessé, comme un lieu à détruire à la suite d'expériences répétées de dévalorisation et d'humiliation. Est-ce pour éviter cette remise en question que d'autres symboles à caractère masculin sont considérés, par des esprits hystériques, comme des causes directes de violence ? Pointant du doigt la musique rock, les jeux vidéo ou la mode gothique, ces commentateurs considèrent implicitement que des courants artistiques peuvent déclencher des psycho-pathologies. Ces déclarations faciles permettent surtout de rejeter nos responsabilités éducatives d'adultes en pointant du doigt des phénomènes extérieurs.

Faut-il rappeler qu'Elvis Presley a déjà été considéré comme le diable en personne et qu'un homme d'Église (le cardinal Léger, alors archevêque de Montréal) l'a déjà empêché de venir se déhancher sur scène à Montréal ? Faut-il rappeler que les Beatles ont déjà été considérés comme des dépravés, au même titre que le chanteur de Black Sabbath, Ozzy Osbourne, consi-déré comme l'incarnation du Démon ? Après avoir été l'idole de millions d'adolescents, qui cherchent d'abord à éprouver des sensations fortes pour se sentir vivants, notre ami Ozzy termine aujourd'hui la plupart de ses chansons par un sympathique « *God bless you !* » ou « *I love you !* »

À chaque époque, il y aura des artistes, des lutteurs comme Hulk Hogan ou des *rock stars* comme Gene Simmons du groupe Kiss ou Marilyn Manson pour personnifier l'énergie mâle surabondante. En offrant une voie d'expression saine à cette agressivité naturelle, ils permettent aux jeunes hommes de fonder leur identité sur la vérité de ce qu'ils ressentent. À ceux qui considèrent que cette force doit être étouffée au profit d'une représentation tiède et désincarnée d'un homme asexué, il faut dire que ce n'est pas en condamnant les garçons à la castration que nous verrons grandir des hommes heureux.

Afin de poursuivre dans la voie de l'œuvre utile, terminons en essayant de réhabiliter l'incroyable Hulk. Les petits garçons disposeront d'au moins deux figures héroïques légales pour leur rentrée scolaire, même s'il faut peut-être regretter, d'un point de vue québécois, qu'il s'agisse de deux héros américains.

Le scientifique David Bruce Banner perd sa femme Laura dans un tragique accident de voiture. Traumatisé de n'avoir pu la sauver, Banner mène des recherches afin d'exploiter la force cachée au plus profond de chaque être humain. Une nuit, alors qu'il est dans son laboratoire, il décide de s'exposer lui-même aux rayons gamma, mais l'expérience tourne mal. Dès lors, chaque fois qu'il est sous l'emprise de la colère ou de la peur, il se transforme en une créature verte, exagérément musclée et puissante, appelée Hulk.

Incapable de se rappeler les actions qu'il accomplit lorsqu'il est Hulk, le docteur Banner décide de se faire passer pour mort et de parcourir le pays à la recherche d'un remède. Au cours de son exil, il s'applique à aider des citoyens aux prises avec des difficultés ou des malfaiteurs. En utilisant sa force surhumaine contre les injustices de la vie, le monstre recherche toujours un peu de reconnaissance de ses semblables, mais il doit fuir sans cesse, car il est poursuivi par un journaliste et par des policiers convaincus que Hulk a tué David Banner.

Belle fable sur l'identité masculine. Hulk est au fond un être de bonté qui est considéré à tort comme un danger par des êtres qui ne le comprennent pas. Pour cette raison, au nom de tous les petits garçons de mon pays, je demande officiellement à la Cour suprême du Canada de statuer sur le droit de porter un t-shirt à l'effigie de Spiderman et de l'incroyable Hulk. Et pour dénoncer ce sexisme inacceptable, l'appui du Conseil du statut de la femme et de toutes les instances féministes serait grandement apprécié. Merci.

# La valeur de l'autoérotisme

## Luc, le pénis ludique

Au cours de ma petite enfance, dans les années 1980, un premier souvenir s'est inscrit dans ma mémoire.

C'est la nuit. Je viens de faire un cauchemar. Je pleure dans le noir. Je suis dans mon lit, et à travers les barreaux je vois une porte s'ouvrir. Une grande vague de lumière repousse l'obscurité qui m'enveloppe. Une haute silhouette réconfortante se découpe dans la lumière. C'est mon père qui vient me délivrer des monstres de la nuit.

Il s'agit du premier souvenir de ma vie. Certaines personnes disent qu'au moment de notre mort on revoit tous les événements de notre vie. Si c'est vrai, j'ai hâte de voir si c'est bien mon premier souvenir ou s'il y en a eu d'autres que j'ai oubliés. Quand je dis que j'ai hâte, c'est une façon de parler. En fait, je n'ai pas hâte du tout! Par contre, si cette théorie est vraie, ça voudrait dire qu'on passe le reste de l'éternité à revivre notre vie. Lorsqu'elle se terminerait dans nos souvenirs, on la reverrait encore dans les souvenirs de nos souvenirs... Mais comme la plupart des théories, c'est probablement faux! On verra bien. Par contre, l'avantage de cette théorie, si elle est vraie, c'est que je revivrai éternellement mes premières éjaculations!

Mon pénis n'a pas été traumatisé par des adultes malheureux. J'ai été bien traité par une mère qui m'aimait et par un père qui se sentait concerné par mon existence. Et mes parents sont demeurés des êtres amoureux. D'après plusieurs de mes amis, c'est tout à fait inhabituel, ce bonheur que je croyais normal. Mais ça fait aussi en sorte que je n'ai pas de malheur intéressant à raconter.

Étant petit, je pouvais jouer avec mon sexe sans enfreindre de lois absurdes. J'avais le droit d'avoir un pénis, et il m'appartenait vraiment.

La première fois que j'ai embrassé une fille, j'ai pu entrevoir tout le plaisir qu'il me restait à découvrir. C'était une amie de ma grande sœur et elle avait posé ses lèvres sur les miennes en quittant notre demeure. Elle portait un rouge à lèvres et son odeur de rose avait suffi à me garder en érection bien longtemps après son départ. La vie devenait bandante. En glissant sous mes draps, je n'avais qu'à évoquer le doux souvenir des lèvres de cette fille pour que ma jeune queue se dresse délicieusement.

Mais avec le temps, cette sensation de plaisir s'est transformée en pression interne difficile à supporter. Quelque chose d'inconnu devrait se produire. À mesure que mon lit se transformait en lieu d'amour imaginaire et que mon matelas devenait une femme à embrasser et à pénétrer, la tension devenait de plus en plus étourdissante. Je m'endormais tous les soirs en érection, en espérant que la vie serait bonne avec moi et que le rêve deviendrait un jour réalité.

Je passais la journée avec des gars infatigables comme le sont tous les vrais gars. Toutes les occasions étaient bonnes pour rivaliser entre nous comme de fiers lionceaux. Lorsque nos jeux prenaient fin, nous pouvions passer des heures à parler des filles. Puis un jour, l'un d'entre nous s'est risqué à déclarer qu'il avait réussi à éjaculer en se masturbant. Tous ceux qui n'avaient pas encore éjaculé étaient médusés. Certains ne savaient même pas que le sperme existait. Dans les jours qui ont suivi, nous avons redoublé d'efforts pour qu'enfin quelque chose de nouveau se produise dans notre jeune existence de mâles.

Et puis un jour, j'ai enfin réussi! J'étais seul dans ma chambre. À travers la porte, j'entendais mes parents discuter tranquillement dans le salon. Pendant que je me caressais, le monde extérieur est devenu une rumeur lointaine avant de disparaître complètement. Le mouvement de va-et-vient sur mon pénis a fait naître une sensation profonde et sublime entre mes reins. Sur le coup, j'ai arrêté, pensant que je venais de briser quelque chose dans mon corps. On ne sait jamais! Mais avant que le plaisir ne disparaisse, j'ai toutefois repris mes manœuvres. Peu importe ce qui casserait, j'irais jusqu'au bout! La sensation inconnue est revenue. Partagé entre l'impression de perdre connaissance et de s'envoler, mon corps a, pour la première fois, émis du sperme.

Ce que j'étais fier de moi! Cette première expérience m'a véritablement donné l'impression de sortir de l'enfance. Une simple giclée de liquide blanc, et la vie venait de changer pour toujours.

Je ne me souviens plus vraiment de ma deuxième éjaculation ni de la troisième, mais je me souviens que c'était durant la même journée!

Dans les mois qui ont suivi, les gars de la ruelle étaient de plus en plus en chaleur. Puisque nous étions encore trop gênés pour inviter des filles à se joindre à nous, nous avons commencé à faire des séances de masturbation collective dans l'obscurité. Un peu plus tard, il n'était plus nécessaire d'éteindre les lumières. Variation sur le thème de celui qui pisse le plus loin, nous avons joué à celui qui éjacule le plus vite ! Puis, nous avons commencé à nous rendre des services. Une main inconnue, c'est toujours plus intéressant. Nous n'avions même pas peur de l'homosexualité. L'important, c'était de jouir et d'éjaculer.

Dans le corps d'un homme, qu'il soit étudiant en littérature, agriculteur, boxeur ou pape, il y a des testicules qui produisent des spermatozoïdes et il y a une vésicule séminale qui produit du sperme, et cet heureux mélange s'accumule à l'intérieur de la prostate. Sous l'action de la testostérone, la pression interne augmente, entraînant assez rapidement une sensation désagréable dans la tuyauterie masculine. Pour que la plomberie mâle soit heureuse, le sperme doit être évacué le plus régulièrement possible. Pour les filles qui auraient de la difficulté à comprendre le phénomène, imaginez une terrible envie d'uriner pendant un spectacle alors que les responsables de la salle décident de verrouiller les portes. Interdiction d'aller aux toilettes, disons pour une période de trois à sept heures. Ça devrait équivaloir à une période de trois à sept jours sans éjaculer.

Bien sûr, les gars ont des pollutions nocturnes qui viennent heureusement empêcher la prostate d'éclater ! Mais il n'est pas très sain de confier totalement à nos rêves érotiques la tâche d'évacuer le sperme. Si la majorité des hommes ont l'impression de ne jamais assez faire l'amour, ça doit bien reposer sur une part de vérité. Et pour les hommes, cette vérité prend sa source dans le fonctionnement biologique.

En consultant l'encyclopédie libre du Web, le phénomène Wikipédia, nous trouvons une page qui relève des données très intéressantes sur la masturbation.

http://www.fr.wikipedia.org/wiki/Masturbation

Aux États-Unis dans les années 1960, le rapport Kinsey a montré qu'à 15 ans, la proportion de jeunes hommes s'étant masturbés était de 82,2 %, et de femmes, 24,9 %. À 18 ans, ce chiffre atteignait 95,4 % pour les hommes et 46,3 % pour les femmes. Cela dit, il est probable que, aujourd'hui, le nombre soit plus important.

Si les gars étaient 95,4 % à se masturber en 1960, ça fait probablement longtemps qu'on a dépassé les 100 % !

Toujours sur Wikipédia, une étude sérieuse réalisée auprès de 500 étudiants d'un cégep de Montréal nous donne les chiffres suivants : à 16 ans, 70 % des jeunes se masturbent aux deux jours et 30 % tous les jours et parfois plus d'une fois par jour. Lorsque ces jeunes deviennent en couple, ils se masturbent tout de même de une à quatre fois par semaine, indépendamment de leur satisfaction sexuelle !

Un gars qui se masturbe alors qu'il est en couple aime quand même sa blonde ! C'est qu'il s'aime encore assez lui-même pour avoir du plaisir, ou c'est qu'il aime assez sa blonde pour ne pas l'épuiser ou l'user totalement !

Cent pour cent des jeunes qui se masturbent affirment que, lorsqu'ils ont commencé, peu importe leur groupe d'âge, ils ont tous continué à pratiquer la masturbation par la suite.

Ça, c'est une belle statistique! Cent pour cent! L'unanimité! L'essayer, c'est l'adopter! La paix et le bonheur dans le monde par la masturbation!

Toujours d'après la même étude, *près de 75 % des garçons se masturbent par pur plaisir, tandis que les autres 25 % le font dans le but d'avoir un orgasme pour prévenir les érections spontanées.*

Le phénomène des érections spontanées! Lorsque j'étais jeune adolescent, je me souviens que je bandais souvent en écoutant le baseball! La tension, l'attente, le fait de voir un bâton serré dans des mains, et c'était parti…

Un jour, je suis allé acheter une pomme de salade au marché du coin. Juste le fait de me pencher sur le comptoir de métal pour pouvoir prendre la salade, et ça y était, j'avais une érection. Et ça ne disparaît pas tout de suite, une érection! Non, non, non. Je me suis rendu à la caisse en essayant de penser à autre chose, mais mes yeux sont tombés sur la page couverture d'une revue pornographique. J'attendais pour payer ma salade, et en page couverture, une fille nue me fixait droit dans les yeux. Elle avait les seins offerts, les jambes ouvertes et elle n'attendait que moi. J'aurais voulu l'acheter, mais j'avais juste de quoi payer la salade! Et de toute façon, je n'avais pas l'âge légal pour acheter une revue porno. Tu peux acheter du crack dans la cour de l'école, mais pas un *Penthouse* au dépanneur! J'ai donc décidé de voler la revue. En m'assurant que personne ne me regardait, je l'ai glissée doucement sous mon chandail, ce qui n'a rien fait pour arranger la situation. La superbe fille toute nue touchait ma peau! Je ne pouvais plus endurer la tension qui montait. La caissière a jeté un regard dans ma direction, et pour cacher mon érection, j'ai placé la salade sur ma queue dure, mais la simple pression m'a fait éjaculer! Heureusement, la caissière a pensé que je faisais de l'asthme!

C'est sérieux, le problème des érections spontanées. À l'école, j'avais des amis qui ne voulaient pas faire de présentations orales devant la classe parce qu'ils avaient trop peur d'avoir une érection. T'as l'air fin, bandé comme un animal devant une classe!

Comme le révèle encore l'étude publiée sur le Web, tous affirment que le plaisir obtenu lors d'une masturbation est presque indescriptible. La jouissance qui accompagne l'orgasme est telle que la plupart ont éprouvé des difficultés à y mettre des mots. On décrit cette jouissance comme sublime. Soixante-cinq pour cent des répondants mentionnent que plus le temps entre chaque masturbation est long, au moins plus d'une journée, meilleur est l'orgasme obtenu. De plus, près de 90% disent que le fait de prendre son temps lors d'une masturbation engendre une plus grande jouissance. Le fait d'être en érection pendant plus de 30 minutes, tout en se caressant, pousse les sensations à un point tel que l'on oublie ses tracas quotidiens. Certains considèrent cela comme une thérapie.

Par contre, plus de 40% des jeunes de 16 ans et plus ont affirmé avoir souffert d'éjaculation précoce au début de leur relation avec une partenaire, c'est-à-dire ne pas être capable de se retenir plus de deux minutes lors d'une pénétration. Environ 15% affirment avoir eu des difficultés à se retenir au point d'éjaculer avant même de pénétrer leur partenaire. Le simple fait d'être touchés les faisait éjaculer.

40 + 15, ça fait tout de même 55 % de jeunes éjaculateurs précoces ! Ce n'est plus une maladie, c'est une épidémie !

Par contre :

*Cinquante-cinq pour cent des répondants qualifiaient leurs masturbations d'apprentissage. Ils se masturbaient de façon à contenir leur éjaculation le plus longtemps possible, et dans certains cas pendant plus d'une heure. Le fait de venir près d'éjaculer des dizaines de fois durant cette période crée un contrôle sur soi incomparable. Ce groupe de jeunes, surtout ceux dans la vingtaine, affirme avoir suivi cette «thérapie» pendant quelques mois et avoir remarqué une forte différence lors des relations sexuelles. Ils pouvaient mieux se retenir et, ainsi, donner plus de plaisir à leur partenaire en prenant leur temps.*

Finalement, pour tous ceux qui ont déjà entendu dire que la masturbation rendait sourd, aveugle ou idiot, voici l'argument ultime :

D'après une étude du Conseil du cancer de l'État de Victoria en Australie, publiée le 17 juillet 2003 dans le *British Journal of Urology International*, vol. 92, p. 211, la masturbation masculine permettrait de diminuer les risques de cancer de la prostate.

La masturbation est une activité essentielle à la santé.

# La testostérone et l'avenir des garçons

## Philippe, le pénis philosophe

Quand l'adolescence s'empare d'un corps de garçon, un vent de folie se met à souffler. Les jeunes loups chargés de désir rivalisent avec les plus vieux qui occupent le territoire. Pour ma part, après avoir survécu à ma propre adolescence, je me suis mis au travail et je suis devenu professeur. Je devais redonner aux jeunes une part de l'attention qu'un véritable éducateur avait eue pour moi.

Je sais par expérience qu'à l'adolescence, certains garçons donnent l'impression de régresser. En groupe, ils semblent former un genre de tribu primitive. Sous l'impulsion de la testostérone, ils ressemblent à des animaux écervelés qui ne recherchent que le plaisir immédiat. De nos jours, ils refusent même d'apprendre à écrire et à compter. Ils deviennent agressifs et insolents. Leur langage devient incompréhensible. Même s'il n'est pas facile de continuer à les aimer, il faut se garder de conclure à une dégénérescence de l'espèce, comme plusieurs penseurs l'ont déjà fait bien avant nous :

« Notre jeunesse est mal élevée, elle se moque de l'autorité et n'a aucune espèce de respect pour les anciens. Nos enfants d'aujourd'hui ne se lèvent pas quand un vieillard entre dans une pièce, ils répondent à leurs parents et bavardent au lieu de travailler. Ils sont tout simplement mauvais. »
Socrate (470-399 av. J.-C.)

« Je n'ai plus aucun espoir pour l'avenir de notre pays si la jeunesse d'aujourd'hui prend le commandement demain, parce que cette jeunesse est insupportable, sans retenue, simplement terrible. »
Hésiode (720 av. J.-C.)

« Notre monde a atteint un stade critique. Les enfants n'écoutent plus leurs parents. La fin du monde ne peut être très loin. »
Prêtre égyptien (2000 av. J.-C.)

« Cette jeunesse est pourrie depuis le fond du cœur. Les jeunes sont malfaisants et paresseux. Ils ne seront jamais comme la jeunesse d'autrefois. Ceux d'aujourd'hui ne seront pas capables de maintenir notre culture. »
Inscription sur une poterie vieille de 3 000 ans découverte dans les ruines de Babylone.

« C'est la décadence, les enfants n'obéissent plus, le langage s'abîme, les mœurs s'avachissent. »
Égypte pharaonique (3000 av. J.-C.)

Si un illustre penseur comme Socrate a pu se tromper concernant la jeunesse, nous pouvons sûrement en conclure qu'il y a longtemps que les adolescents ont besoin de tester les limites des adultes. Ils sont comme de jeunes orignaux qui veulent éprouver la solidité de leur panache en chargeant, tête baissée, un mâle plus âgé. Ils ont besoin d'éprouver le lien que nous avons avec eux pour savoir s'il est vrai. Ils ont besoin de nous rejeter pour devenir des êtres libres et autonomes.

Il arrive aussi que certains jeunes sombrent dans un univers dépressif, violent et dangereux. Au-delà des situations d'abandon qu'ils vivent parfois au plan familial, nous pourrions aussi interroger notre responsabilité collective concernant cette tendance actuelle au décrochage. Alors que les jeunes d'il y a 30 ou 40 ans voulaient faire les choses autrement, certains jeunes d'aujourd'hui ne veulent plus rien faire. Quelle est notre part de responsabilité d'adulte dans la mode du *no future*?

De tout temps, les êtres humains ont imaginé des apocalypses. Des milliards de terriens ont déjà pensé qu'un dieu déchaîné réapparaîtrait un jour pour détruire son œuvre. Certains le pensent encore. Pourtant, la terre tourne toujours sur elle-même. De nos jours, les médias nous présentent quotidiennement des perspectives de fin du monde. Il y a seulement une trentaine d'années, nos cerveaux modernes attendaient anxieusement une hécatombe nucléaire. Mais le soleil se lève encore chaque matin. Aujourd'hui, cette angoisse de fin du monde a été remplacée par la psychose des changements climatiques. Pourtant, au cours de l'histoire du monde, le climat s'est déjà réchauffé à plusieurs reprises et les étoiles brillent encore au-dessus de nos esprits troublés. Comme si l'unanimité était désormais requise, nous refusons même d'entendre des points de vue qui ne confirment pas les thèses catastrophiques[4]. Nous paraissons presque déçus lorsque nos prévisions d'ouragans meurtriers ne se réalisent pas. Pourquoi semblons-nous réconfortés par nos fantasmes de fin du monde?

Ceux qui croient dur comme fer aux théories apocalyptiques réagissent souvent agressivement lorsqu'ils sont confrontés à des thèses qui les remettent en question. L'idée que l'expérience terrestre est sur le point de se terminer est même communiquée à des enfants d'âge préscolaire, par des adultes qui espèrent ainsi sauver la planète. À bien des égards, dans nos esprits modernes, la terreur écologique a remplacé la présence d'un dieu en colère contre l'humanité. Le dieu masculin affligé par des siècles de patriarcat a été remplacé par une image féminine de la terre mère qui se révolte. Pour régler le problème humain, faut-il cesser d'exister?

Il y a quelques années, le SRAS (une espèce de grippe ordinaire rendue virulente et dangereuse par les médias) a fait trembler le monde. La crainte du SRAS

---

4. Bien que ce ne soit pas le propos du présent ouvrage, il est intéressant de rappeler, d'une part, qu'au XII$^e$ siècle, les Vikings cultivaient la terre au Groenland. Le mot Groenland, en danois, signifie d'ailleurs «terre verte». D'autre part, pour éviter de sombrer dans la pensée unique, le journaliste Charles Muller publie des données scientifiques qui ne vont pas dans le sens des thèses à la mode. Il ne détient sûrement pas le monopole de la vérité, mais il a le courage de proposer des liens qui ne vont pas dans le sens de ses conclusions. Un site à explorer pour cultiver notre curiosité scientifique: www.climat-sceptique.com.

est maintenant désuète et plus personne n'en parle. Au cours de l'hiver 2005, nous avons quand même réussi à nous payer l'angoisse de la grippe aviaire, mais l'automne suivant, les grandes oies nous ont survolés en jacassant, comme si elles riaient un peu de nous.

Cet état permanent de panique nous paralyse et nous enferme dans un univers paranoïaque tout à fait opposé à une attitude de créativité et de prise en charge de l'avenir du monde. Au contact des adultes tourmentés, les jeunes reçoivent l'idée qu'il est trop tard et que tout est foutu! Et nous cherchons des raisons pour expliquer le phénomène du suicide chez nos jeunes. Lorsque l'angoisse suscitée par le réchauffement climatique n'aura plus l'attrait de la nouveauté, nous craindrons peut-être l'avènement d'une nouvelle époque glaciaire.

Derrière les thèses apocalyptiques qui se succèdent, ne serions-nous pas surtout terrorisés par l'idée incontournable de notre propre disparition au plan individuel? Tous les êtres humains actuellement vivants auront disparu dans une centaine d'années, sans qu'aucune catastrophe écologique ou surnaturelle ne soit nécessaire. La loi implacable de la vie suffit. Comme disait Romain Gary: «Rien n'est plus consolant que de faire de son chagrin intime une fin du monde.»

Aux prises avec nos angoisses d'adultes, nos enfants grandissent dans un univers psychologique de désillusion. Leur vision du monde en est directement affectée. Dans ce climat d'hystérie collective, normalisé et médiatisé à outrance, comment s'étonner que nos garçons s'intéressent de moins en moins à l'école? Comment reprocher aux jeunes la mode du *no future*, si nous croyons aussi que la fin du monde est proche ? Il est devenu presque impossible d'écouter un bulletin de météo sans qu'on nous donne l'impression que la terre va s'autodétruire dans les prochaines heures. À quoi peut servir un diplôme dans un monde sans avenir ?

En oubliant nos propres errances d'adolescents, comme nos ancêtres, nous reprochons aux jeunes leur manque d'effort. Et nous leur offrons, encore et toujours, un univers scolaire dominé par le sentiment d'ennui. Les garçons, actifs par nature, souffrent de l'immobilité imposée lors des activités d'apprentissage, mais la machine scolaire doit poursuivre sa mission, même s'il en résulte de nombreux malheurs. La structure éducative fixe des standards froids, et les élèves qui n'en ressentent pas la valeur sont laissés pour compte.

La société d'antan réussissait à contraindre les jeunes esprits. Sous la simple pression de l'autorité, les jeunes effectuaient des apprentissages scolaires. Il en résultait des mères de famille, des travailleurs, des prêtres ou des soldats obéissants. Aujourd'hui, dans nos sociétés occidentales, la contrainte extérieure qui émanait de la collectivité a disparu. Cette force externe a été remplacée par un sens interne de l'individualité, et l'école ne s'est pas encore adaptée à cette transformation majeure. Et il ne servira à rien de porter des jugements moraux sur les valeurs plus individualistes des jeunes.

Lorsque les jeunes garçons qui grandissent sont submergés par la testostérone et qu'ils remettent en question l'autorité des adultes, ils sont souvent automatiquement rejetés par le système. Comme si l'obéissance était encore une valeur en soi. Plusieurs adultes ne comprennent pas qu'ils doivent eux aussi gagner le respect des jeunes pour pouvoir les guider. Certains sont même horrifiés par cette seule idée. Nous devrons encore humaniser les conflits de générations pour entendre la part de vérité qu'ils recèlent. Si nous refusons ce combat loyal avec les générations montantes, nous construirons de plus en plus une institution scolaire impersonnelle qui valorisera les esprits serviles, au service d'un marché du travail qui ne tiendra pas compte du facteur humain. Si la désobéissance peut désorganiser une classe, à plus long terme, elle peut aussi nous empêcher de considérer les êtres humains comme des objets ou des marchandises.

Au cours de ma formation pour devenir professeur, j'ai eu la chance de lire *Une société sans école*, du penseur Ivan Illich[5]. Je me suis alors rendu compte que, dans ma jeunesse, j'avais haï l'école pour des raisons tout à fait valables. Pour poursuivre sur ce thème qui n'est pas étranger aux montées de testostérone des garçons, en voici quelques extraits :

« Nous sommes tous prisonniers du système scolaire, si bien qu'une croyance superstitieuse nous aveugle, nous persuade que le savoir n'a de valeur que s'il nous est imposé, puis nous l'imposerons à d'autres. »

« Prisonnier de l'idéologie scolaire, l'être humain renonce à la responsabilité de sa propre croissance et, par cette abdication, l'école le conduit à une sorte de suicide intellectuel. »

« Si les écoles cessaient d'être obligatoires, quels élèves resterait-il au professeur qui fonde tout son enseignement sur l'autorité qu'il exerce ? »

---

5. Ivan Illich. *Une société sans école*, Paris, Seuil, 1971.

« L'école est l'agence de publicité qui nous fait croire que nous avons besoin de la société telle qu'elle est. »

Je sais que l'école est aux prises avec de nombreux problèmes de société. Les jeunes garçons qui décrochent (et de plus en plus de filles aussi) choisissent parfois cette marginalité parce qu'ils sont abandonnés par des parents qui ont démissionné devant les exigences du défi éducatif. Dans cette perspective, en venant déranger nos existences tranquilles, la testostérone des adolescents est encore un facteur de révolution sociale et, par conséquent, de santé mentale.

Pour vraiment rejoindre les garçons qui ont été mis au monde après la révolution sexuelle, l'autorité ne fonctionne plus. L'école doit valoriser la mise en œuvre de projets qui soulèvent de véritables intérêts. Comme le dit encore Ivan Illich, bien avant le développement d'Internet : « Pour qu'un homme puisse grandir, ce dont il a besoin c'est du libre accès aux choses, aux lieux, aux méthodes, aux événements, aux documents. Il a besoin de voir, de toucher, de manipuler, je dirais volontiers de saisir tout ce qui l'entoure dans un milieu qui ne soit pas dépourvu de sens. [...] La technologie pourrait fournir à chaque homme la possibilité de mieux comprendre son milieu, de le façonner de ses propres mains, de communiquer mieux que par le passé. Cette utilisation de la technologie, à rebours des tendances actuelles, constitue la véritable alternative au problème de l'éducation. »

Pour devenir un lieu attrayant, l'école doit permettre aux jeunes de donner forme à leurs propres désirs. Et s'ils n'en n'ont pas, il faut leur donner toutes les chances de les découvrir. Le développement de toute habileté est la conséquence directe d'un intérêt personnel, pour les adultes comme pour les enfants. Il s'agit premièrement d'interpeller la curiosité naturelle des jeunes pour les sciences, les arts ou les sports afin de les intéresser ensuite aux apprentissages scolaires. Sans plaisir réel, tout apprentissage demeure superficiel et est aussitôt oublié après la fin de la contrainte.

Il y a plus de 50 ans, 40 % des garçons abandonnaient leurs études en cours de route. Ces garçons s'orientaient alors vers un métier en se joignant souvent au travail de leur père ou d'un oncle. Il semble qu'aujourd'hui, cette statistique sur le décrochage soit toujours valable. Sauf qu'elle est devenue une catastrophe, car les garçons qui n'aiment pas l'école tombent dans le vide, la pauvreté ou la petite délinquance.

Je me souviens d'avoir connu, étant jeune, une institutrice acariâtre qui nous donnait quotidiennement l'impression d'être des imbéciles. Lorsqu'elle cessait de nous disputer, elle nous disait souvent que nous ne nous rendions pas compte que nous vivions les plus belles années de notre vie. Aux prises avec un profond sentiment d'ennui indissociable de la vie scolaire, je recevais chaque fois cette déclaration comme un coup de poignard. Ça en disait long sur le plaisir que cette dame éprouvait dans sa vie adulte.

Les personnes au désir éteint ne devraient pas œuvrer en milieu scolaire, car elles fondent leurs actions sur un désir inconscient de castration, totalement opposé aux défis de la croissance.

Malgré les adultes angoissés et fatigués, l'espoir des jeunes continuera à fleurir et ils prendront en charge l'avenir du monde.

# La tyrannie de la taille du pénis

## Antoine, le pénis angoissé

Ce n'est pas tout de conquérir le droit d'avoir un pénis. Il faut aussi en accepter la taille. La majorité des hommes sont obsédés par cette tyrannie entretenue par les hommes eux-mêmes. Notre sexe n'a pas la taille qu'il devrait avoir.

Comme si ça ne suffisait pas de se battre pour obtenir le droit de bander et d'avoir du plaisir, il faut en plus nous préoccuper de la longueur, de la circonférence, du diamètre et du rayon de notre sexe, comme s'il s'agissait d'un outil de précision.

Alors, allons-y pour les données techniques. Une étude de la très sérieuse université Berkeley affirme que la taille moyenne mondiale d'un pénis en érection est de 12,95 centimètres, soit 5,1 pouces, pour ceux qui emploient encore les mesures anglaises. Comme chiffre absolu, 12,95, c'est quand même déjà mieux que 5,1. Vive le système métrique !

Parlons d'abord de sa taille au repos. C'est le pire problème, en fait, celui qui concerne les gars entre eux dans les vestiaires, avant ou après nos activités sportives. Il est utile de savoir qu'il y deux types de pénis. Le premier type est ce que nous pourrions appeler le « sac à surprise ». Au repos, il est mou et plutôt petit, mais il s'allonge passablement en érection pour atteindre la taille moyenne de 12,95 centimètres. Le deuxième type de pénis est plus valorisé par les gars parce qu'il paraît mieux au repos. Il est plus gros et plus long que le sac à surprise, mais sa taille ressemble sensiblement à celle qu'il aura en érection, soit 12,95 centimètres en moyenne. On ne s'en sort pas, les statistiques sont implacables.

Quoi qu'il en soit de ces chiffres, la plupart des gars trouvent que la nature n'a pas été suffisamment généreuse avec eux. Cette insatisfaction s'est sans doute accrue depuis la multiplication des films pornos où un pénis de 20 à 30 centimètres, soit largement au-dessus de la moyenne, fait partie des critères de sélection des acteurs.

Lorsque j'étais jeune, j'avais un ami noir qui avait un petit pénis. Il semblait en souffrir particulièrement. Il était constamment confronté au mythe du gros pénis que l'on véhicule concernant les hommes noirs. Dans un livre paru en 2005, *La légende du sexe surdimensionné des Noirs*[6], le journaliste Serge Bilé fait la démonstration de ce monstrueux préjugé qui permet surtout de rabaisser les Noirs au rang de bêtes dotées d'un pénis démesurément long plutôt que d'un cerveau. Aucune étude sérieuse n'est en mesure d'affirmer une telle différence sur une grande échelle et ce mythe participe encore aux fantasmes destructeurs du petit pénis, alors qu'un pénis de grande taille n'apporte pas plus de jouissance.

---

6. Serge Bilé. *La légende du sexe surdimensionné des Noirs*, Paris, Éditions Serpent à Plumes, 2005.

Vers l'âge de 10 à 15 ans, les garçons traversent des étapes difficiles concernant cette question de la taille du pénis. En observant des équipes sportives de cet âge, nous verrons des jeunes qui ont l'air d'hommes formés, alors que d'autres sont encore de petits garçons. La tempête de la testostérone ne s'éveille pas au même moment pour chacun. Je me souviens de cette époque comme d'une terrible injustice de la vie, surtout que personnellement j'ai le modèle sac à surprise. Personne ne m'avait dit qu'il existait deux sortes de pénis, mais qu'une fois en érection tous les hommes avaient sensiblement le même outil.

Je ne savais pas non plus que le vagin des femmes s'adapte au pénis qui y pénètre. Angoissé par le fantasme destructeur de la taille du pénis, je pensais que mon sexe ne deviendrait jamais adulte. Dans ma vision de l'époque, où plusieurs garçons plus vieux ne se gênaient pas pour ridiculiser les plus jeunes et les plus petits, j'ai déjà pensé que je ne pourrais jamais aimer une femme convenablement. Et quand un garçon pense qu'il n'a pas le pénis qu'il lui faut, il peut aussi penser qu'il ne lui reste pas beaucoup de bonnes raisons de vivre.

Je me souviens de jeunes qui disaient utiliser toutes sortes de moyens débiles pour essayer d'allonger leur pénis. À l'aide de ruban adhésif de hockey, ils y attachaient des poids d'haltères, des roches ou des boîtes de conserve. Encore aujourd'hui, il suffit d'ouvrir une revue porno pour se rendre compte du nombre de charlatans qui gagnent leur vie en exploitant le complexe de la petite queue. En prétendant qu'il est possible de la faire grossir, ils proposent des pompes, des pilules de toutes sortes et même des thérapies par l'hypnose. Mais les hommes qui se laissent berner finissent toujours avec le même résultat. Ils doivent se contenter de la même queue, de la même longueur et de la même grosseur.

Les innombrables blagues sur la grosseur du pénis nous parlent finalement de cette terrible angoisse masculine. Et en vieillissant, plusieurs disent que rien ne s'améliore côté calibre. Comme si les lois de la vie donnaient raison au pire des névrosés. Finalement, un pénis, c'est comme la vie. Indépendamment de la longueur qui nous est donnée, il faut en profiter pendant qu'on est vivant...

# Le pénis et le harcèlement féminin

## Claude, le pénis en colère

Tous les hommes ont le fantasme d'être harcelés par une femelle sauvage qui ne voudrait que du sexe. Il s'agit de la conception saine du harcèlement sexuel entre animaux consentants.

Il est toutefois remarquable que la notion de harcèlement sexuel évoque, dans la plupart des esprits, des comportements sexuels agressifs exclusivement masculins. Le harcèlement sexuel masculin existe et il doit être interdit et sanctionné. Mais est-ce que les femmes sont exemptes de toute forme de harcèlement envers les hommes ?

Il suffit d'allumer la télévision pour être envahi par une orgie de cuisses, de ventres, de seins, de fesses et de bouches pulpeuses de femelles qui s'exhibent. Les chanteuses dans les vidéoclips montrent leur cul comme un objet pour attiser les désirs. Les femelles dénudées et lascives, allongées sur les panneaux-réclames des autoroutes, attirent des regards troublés. Dans la réalité, sans doute pour être remarquées, les écolières et les cégépiennes exposent le plus de peau possible. Il est devenu habituel que les filles laissent paraître leur string. Au plan vestimentaire, il y a souvent très peu de différence entre une écolière et une prostituée. La mode est à l'exhibition féminine passive.

Bien sûr, ce genre de harcèlement à tendance pornographique ne vise pas directement à obtenir une relation sexuelle. Les femmes qui suivent cette mode souhaitent surtout faire de l'effet et être remarquées. Mais cette mode n'en constitue pas moins une forme d'utilisation de la sexualité visant notamment à obtenir des avantages financiers.

Les dépliants dans nos boîtes aux lettres, les pubs de bars branchés, les catalogues de magasins, les publicités télévisées, les boîtiers de disques compacts et de films se vendent en utilisant de jeunes femmes en état préorgasmique, presque nues, les jambes ouvertes, les fesses rebondies, le dos cambré, les lèvres gourmandes, les seins offerts. Ces femelles en extase qui attendent comme des jouets sexuels suscitent une réponse animale. Elles font bander tout en demeurant inaccessibles, comme la bouche d'une prostituée. Puisqu'elles ont déjà été payées, elles sont prêtes à tout. Dans l'intimité de nos fantasmes, elles peuvent être consommées, pénétrées, sodomisées, prises par tous les orifices. Elles peuvent même être agressées par les esprits pervers.

Les femmes moins jolies ou plus vieilles peuvent les envier ou les haïr dans le silence de leurs propres fantasmes. Ces images de femmes hyper-sexuées, objets de frustration ou de masturbation, ne demandent qu'une seule chose, au fond : elles veulent qu'on les achète ! Qu'on les paye à leur juste valeur marchande.

Est-ce que la marchandisation du corps des femmes doit être considérée comme une évolution dans l'histoire de leur libération? Le corps des femmes est passé de l'état d'objet dominé et victime à l'état d'objet de harcèlement sexuel passif à visées commerciales. Ça demeure très joli à regarder, mais un objet reste un objet, même lorsqu'on le paye. Non?

Et certaines minettes vites en affaires fondent des empires en sévissant à la télévision. Elles jouent les écervelées prêtes à tout pour monnayer leurs attributs féminins. En adoptant une attitude ridicule et faussement sexuée de petite fille pubère, ces femelles à fric exploitent la frustration sexuelle des jeunes garçons et des hommes plus âgés.

Se vendant comme femmes-objets, charriant une brouette de fumier en minijupe et souliers à talons hauts pour montrer leurs culs de riches citadines, les Paris Hilton et Anne-Marie Losique de ce monde invitent simplement les gars frustrés à évacuer un trop-plein de sperme. La misère humaine est toujours rentable.

Bien souvent, ces femelles-objets sont considérées comme des génies parce qu'elles ne sont plus à la solde de vieux milliardaires comme Hugh Heffner, fondateur de l'empire Playboy. Ces femelles-objets sont maintenant leur propre *pimp* et se prostituent elles-mêmes en tenant toutes seules la caisse.

Dans les écoles, lorsque des professeurs masculins doivent s'entretenir avec des jeunes filles dans leur bureau, la majorité d'entre eux laissent la porte ouverte, car ils craignent comme la peste d'être l'objet d'une plainte pour harcèlement sexuel. C'est que la sexualité est omniprésente dans cette mode déshabillée. Il faudrait être en bois ou lobotomisé pour ne pas y être sensible. Les moyens utilisés sont passifs puisqu'ils ne visent pas à obtenir une relation sexuelle, mais ils constituent tout de même une utilisation de la sexualité dans une perspective de pouvoir.

Certaines personnes, principalement des femmes, opposent l'argument que la réponse sexuelle est l'affaire des hommes et que leur désarroi n'est qu'un juste retour des choses. Le refus de penser et l'esprit de vengeance sont-ils de mise lorsqu'il s'agit de réfléchir à l'éthique des relations entre les hommes et les femmes? Le harcèlement et le viol peuvent-ils devenir acceptables en fonction du sexe de l'agresseur?

Plusieurs femmes normalement constituées perçoivent l'habillement des jeunes filles comme une entreprise de compétition. Devant ce phénomène, bien des jeunes filles d'un âge similaire mais qui s'habillent normalement se sentent disqualifiées.

Cette mode sauvage fait en sorte que des femmes, même sexuellement satisfaites, se sentent vieilles et que les hommes, même sexuellement satisfaits, se sentent seuls. Ces faux appels sexuels rejettent l'observateur involontaire dans un espace où le désir suscité est immédiatement frustré. Lorsque des aspects intimes font irruption dans la vie sociale, on peut considérer qu'il s'agit bien d'une forme de harcèlement exhibitionniste.

D'autres personnes réduisent la portée du problème en affirmant qu'il faut simplement regarder ailleurs. Regarder ailleurs implique d'abord le fait d'avoir vu. Le problème demeure donc entier. L'exhibition féminine vise directement la réaction hormonale mâle, et cette provocation non sollicitée est un appel triste et inconscient au viol. Cette mode participe à une vaste entreprise d'exploitation du malheur de la queue.

Exploiter le sexe mâle pour le faire cracher, c'est fonder la vie sur la frustration du désir pour obtenir du fric.

# Le pénis coincé dans le piège de la pornographie *hard*

## Claude, le pénis en colère

La frustration sexuelle ressentie par les hommes, jeunes et moins jeunes, nous conduit souvent à explorer toutes sortes de stratégies. La pornographie est un de ces moyens qui nous permet d'entretenir l'illusion que nous sommes en présence de femmes totalement habitées par le sexe. Il n'est pas question ici d'être contre la pornographie en soi ni de réclamer une censure, mais bien d'avoir le droit de penser à la faveur d'un vrai plaisir.

La pornographie apparaît souvent comme un monstre à deux têtes. D'un côté, il y a la tête qui utilise des œuvres pornographiques comme supports à des fantasmes qui existent déjà dans nos têtes de gars. La pause porno est une occasion comme une autre pour évacuer un trop-plein de sperme. Il y a aussi des couples qui utilisent la pornographie comme un moyen pour stimuler et varier leurs expériences sexuelles. Pourquoi pas ? Tout est permis entre adultes consentants.

Mais le monstre de la pornographie a aussi une deuxième tête, beaucoup moins jolie que l'autre.

On assiste à une certaine escalade dans l'univers pornographique. Entre la starlette des années 1960 qui posait dans *Playboy* en cachant ses seins et son sexe avec ses mains, et la pornographie *hard* disponible sur Internet ou au club vidéo du coin de la rue, il y a toute une marge.

Au-delà de l'esthétique des corps qui peut stimuler quelques libidos, il faut avouer que de plus en plus de films pornos mettent en scène des hommes et des femmes sur un mode plutôt pervers. La plupart du temps, nous considérons perverse une pratique qui ne correspond pas à nos valeurs. Pour les besoins de notre réflexion, la notion de perversion évoquée ici est attribuée à des pratiques qui fondent le plaisir d'un partenaire sur la douleur de l'autre. Une telle définition de la perversion nous oblige à y inclure plusieurs couples qui n'éprouvent plus de plaisir à vivre ensemble, mais il s'agit d'un autre problème…

La pornographie *hard* actuelle est perverse lorsque les fellations présentées ne sont plus des caresses buccales prodiguées à un pénis, mais bien une intrusion forcée du pénis dans la gorge d'une fille qui étouffe. Les scènes de pénétration et de sodomie sont de plus en plus empreintes d'agressivité, célébrant le pouvoir primaire de mâles en rut. La star du X, Rocco Siffredi, en est une excellente représentation. Même s'il a une superbe gueule d'Italien, il confond manifestement embrasser et mordre, caresser et agresser, pénétrer et défoncer. Dans ses films, lorsqu'il en a assez de masturber sa queue dans un vagin, il la fourre dans le cul de la fille sans se préoccuper de la lubrification. Après lui avoir défoncé l'anus agressivement, il refourre son arme bandée de 24 centimètres dans le vagin de l'actrice payée pour feindre l'extase. Qui ne sait pas que les bactéries anales ne sont pas compatibles avec le milieu délicat du vagin et que la conséquence de leur mélange est une infection vaginale?

Bien sûr, tous les acteurs de films pornos sont des professionnels payés et consentants, et on pourrait dire qu'ils sont responsables de leurs malheurs. On trouve parfois sa famille où l'on peut. Mais Rocco Siffredi n'est pas seulement acteur. Il est aussi scénariste, réalisateur, producteur et distributeur de ses fantasmes de brute. Il s'offre en spectacle comme un modèle de pouvoir et de réussite. Lorsqu'il a mis fin à sa carrière d'acteur porno, il a été présenté sur plusieurs plateaux de télévision comme une espèce d'animal sympathique qui aime vraiment les femmes. Celui que l'on a surnommé «l'étalon italien» a pourtant déjà avoué que, peu de temps après avoir pratiqué le métier d'actrices pornos, plusieurs de ces femmes avaient le vagin et l'anus détruits. Rocco aime tellement les femmes qu'il semble les aimer malgré elles.

Pourtant, Siffredi doit être un individu tout à fait recommandable puisque la réalisatrice française Catherine Breillat l'a embauché pour son film *Romance* paru en 1999. Lors de la campagne de promotion de son film, que la réalisatrice déclarait féministe, elle justifiait son choix de Rocco Siffredi en expliquant qu'il représentait le mâle dont toutes les femmes rêvent! Faut-il rappeler que le film *Romance* se terminait par un coup de force où une femme empêchait un père de prendre la responsabilité de ses enfants? Comment comprendre que l'admiration pour des babouins dominants se propage chez des femmes qui se considèrent comme des féministes engagées?

Quant à la porno *hard* et perverse, le problème n'est pas une question morale et il ne s'agit pas de réclamer plus de censure. Il s'agit surtout d'en appeler à l'intelligence. Il n'est pas souhaitable que les hommes, jeunes et moins jeunes, consomment ce matériel, et ce, pour éviter d'intérioriser ce type de sexualité bestiale qui n'implique aucune communication authentique avec une partenaire réelle. Lorsque l'excitation primaire qui en résulte est valorisée et projetée dans la réalité, le résultat ne peut être que malheureux. Au contact de ces modèles qui interpellent des instincts d'abuseurs, les hommes qui s'en nourrissent finissent par s'éloigner du monde des humains. Les hommes risquent alors de s'enfermer dans un triste univers où la jouissance des femmes est remplacée par la douleur, et qu'il suffit de les payer pour que ce soit acceptable.

# Un regrettable amalgame féministe entre homme et violeur

## Antoine, le pénis angoissé

Lorsque j'avais environ 15 ans, j'ai été profondément troublé par un film sur le viol. Dans ce film, un violeur avait commencé par brutaliser sauvagement une jeune femme inconnue. Dominé par une haine sordide, l'acteur était volontairement répugnant. Puis, lors d'une scène où on nous montrait en gros plan le corps de la jeune femme, le violeur avait coupé la petite culotte de sa victime à l'aide d'un couteau. L'image s'était alors immobilisée pour permettre à la réalisatrice d'apparaître à l'écran. En discutant avec la monteuse, elle affirmait avoir montré cette séquence à plusieurs hommes, et la plupart d'entre eux avaient avoué avoir ressenti une excitation en voyant cette scène de petite culotte coupée au couteau.

Une fois passé le climat horrible créé par les gestes agressifs qui venaient d'être posés, cette scène plutôt *soft* avait attiré mon attention. Je devais donc avouer que j'avais moi aussi éprouvé une excitation sexuelle en observant ce geste. Le corps de la jeune femme était attirant et, depuis le début, j'aurais voulu prendre sa défense. Aux prises avec la tension sexuelle d'un adolescent qui n'avait encore jamais fait l'amour, le simple fait de penser à une femme créait une excitation immédiate. Dans mes fantasmes de 15 ans, j'avais déjà imaginé déchirer les vêtements de ma copine, que je n'avais pas encore, mais jamais ce désir n'avait été associé à un désir de faire mal. La douleur était absolument exclue. J'avais tellement envie de faire l'amour que je pouvais même m'imaginer qu'une femme m'attache et me viole. Bien loin de toute forme d'agression, mon désir de jeune mâle était aussi sain que mes fantasmes.

Lors du visionnement du film, je m'étais bien sûr attendu à ce que la réalisatrice me rassure et qu'elle me dise que je n'étais pas un violeur en puissance. J'avais été excité par un geste qui pouvait être érotique, entre deux partenaires consentants. C'est pourtant le contraire qui s'est produit. Ses propos m'ont condamné sans nuance. Selon la réalisatrice, l'excitation masculine devant cette scène démontrait que tous les hommes pouvaient être des violeurs. En prétendant m'éduquer, cette femme en colère venait de me castrer dans ma plus intime condition de jeune mâle.

Involontairement associé à la haine pathologique d'un violeur, j'ai quand même poursuivi le vision- nement, pour mon plus grand malheur. Le film est devenu une attaque contre le genre masculin en lui- même. Le sexe du violeur y était montré comme une arme de destruction et de mort. L'excitation que j'avais ressentie pouvait, selon les propos du film, être l'expression de la violence et du mépris le plus profond. Le pire, c'est que j'aurais tellement voulu haïr ce modèle d'homme qui m'était présenté, mais il m'avait été présenté comme une partie de moi-même. J'étais dans un état de confusion totale. Lorsque nous représentons le mal en lui-même, il n'y a plus aucun refuge. Aurait-il fallu que je me mutile pour pouvoir ressembler à une femme et reconquérir le droit de faire partie de l'humanité?

Je n'avais pourtant jamais éprouvé le désir de brutaliser une femme. À 15 ans, je n'avais pas encore commencé ma vie amoureuse, mais j'étais convaincu que la douleur de l'autre ne me ferait jamais bander.

Je ne m'étais jamais identifié aux hommes qui méprisent les femmes ou qui les font souffrir. Mais en regardant ce film, j'ai eu l'impression d'être agressé par une femme qui méprise les hommes.

Une fois le film terminé, en me rappelant douloureusement l'existence des vrais violeurs, il ne me restait plus qu'à me réfugier dans la honte de mon propre sexe. Durant quelques jours, j'ai ragé de solitude et d'incompréhension en espérant que je saurais découvrir la valeur d'être un homme et d'avoir un pénis.

# La culture du désir

## Philippe, le pénis philosophe

Dans la tradition judéo-chrétienne, la genèse de l'humanité est fondée sur une histoire étrange vécue par le couple d'Adam et Ève. Après avoir relu ce texte de la Bible, je n'arrive toujours pas à comprendre le lien entre la pomme de l'arbre de la connaissance du bien et du mal et une interdiction de la sexualité. S'il n'y avait pas eu de sexe, il n'y aurait pas non plus d'existence humaine, et Dieu serait en train de rêver à autre chose.

Selon le mythe fondateur de la religion chrétienne, les hommes et les femmes de la terre sont le résultat d'une erreur, d'une faute. Chassés du Jardin des plaisirs, ils sont condamnés à souffrir par le travail et l'enfantement. Pour obtenir le pardon de cette faute originelle et avoir droit au salut, un nouveau modèle familial nous est présenté. Dieu le père qui demeure dans les cieux met enceinte une jeune femme vierge qui donne naissance à un fils qui sera crucifié. Belle famille dysfonctionnelle ! D'autant plus que, Marie étant vierge, Joseph doit aussi être considéré comme un mari trompé ! Comme bien des êtres humains, Dieu considère sans doute l'adultère comme un comportement acceptable lorsque c'est lui qui en profite. Il n'en demeure pas moins que selon cette tradition religieuse, une faute est à l'origine de la vie humaine.

Dans la tradition philosophique grecque, cette culpabilité de vivre est remplacée par d'innombrables intrigues amoureuses mettant en scène des dieux et des déesses qui passent leur temps à guerroyer. Un peu comme les humains, ils réussissent difficilement à régler leurs conflits, et les mythes qu'ils nous lèguent sont autant de scénarios riches qui peuvent nous permettre de mieux nous comprendre. À tout le moins, en constatant que nous avons les qualités et les défauts des dieux, nous pouvons commencer à rire un peu de nous-mêmes. Il est bien exigeant d'être un animal qui pense et de réussir à concilier le plaisir et les exigences du monde.

Un de ces mythes nous présente Ulysse et ses compagnons qui affrontent les monstres Charybde et Scylla au cours d'une odyssée mythique. Dans le détroit de Messine, Charybde est un tourbillon qui pouvait engloutir les bateaux des navigateurs de l'âge de bronze, alors que Scylla est un rocher menaçant où se brisaient les embarcations. Charybde représente la pulsion de plaisir et Scylla le principe de réalité. Le mythe suggère qu'en tentant d'éviter l'un, nous ne pouvons éviter l'autre.

Entre Charybde et Scylla, le temps est souvent à la tempête. La mer est déchaînée par les mouvements contradictoires de la vie. Devant les exigences du monde, les désirs non réalisés et les frustrations du quotidien soulèvent des vagues de colère et de tristesse.

Depuis que l'*Homo sapiens* s'est civilisé, le travail prend une part importante de l'expérience humaine. Après avoir travaillé durant 40 ans à construire des maisons, à produire des bilans financiers ou à diriger une entreprise, vient le temps du déclin. Trop souvent, peu après avoir cessé de travailler, les humains meurent. Lorsque l'individu n'est qu'une force de travail, s'il ne travaille plus, il n'est plus. En se référant au mythe, nous pouvons alors dire que son navire s'est brisé sur Scylla. L'être humain qui vit en rupture avec ses désirs risque d'être avalé par l'organisation sociale qui le nourrit. Il est devenu une fonction dans un système qui le broie. Comme bénéfice secondaire, il a peut-être vécu dans l'inconscience de sa propre mortalité. Le bruit des vagues qui se brisent sur Scylla recouvre souvent l'angoisse des profondeurs de Charybde.

Par contre, si les êtres humains demeuraient vraiment fidèles à Charybde, nos pulsions domineraient notre existence. Nous serions constamment comme des matous prêts à nous battre pour nous accoupler avec une chatte en chaleur. Et les perdants se contenteraient bien d'un vagin déjà ensemencé. Comme des poissons dans un aquarium, des êtres aussi authentiques pourraient s'accoupler avec leurs propres descendants. Si cette animalité était demeurée absolue, la culture humaine ne serait pas advenue. Le tourbillon de Charybde aurait englouti le navire.

Le mythe de Charybde et Scylla nous rappelle que nous sommes dans une position inconfortable, souvent écartelés entre des pulsions de plaisir qui peuvent être destructrices et une organisation sociale qui peut nous permettre de nous réaliser, mais qui peut aussi nous asservir. La vie est un déséquilibre constant.

Pascal disait : « J'ai découvert que tout le malheur des hommes vient d'une seule chose, qui est de ne savoir pas demeurer en repos, dans une chambre. »

Lorsque la force du sexe s'éveille dans nos corps, il n'est plus question de demeurer au repos dans une chambre. Et s'il fallait y demeurer pour trouver le bonheur, il nous faudrait aussi trouver l'agréable personne qui nous y tiendrait compagnie.

# De la masturbation au désir amoureux

## Luc, le pénis ludique

C'est bien agréable de se masturber, mais on finit tout de même par se connaître soi-même un peu trop. On a beau alterner entre la main gauche et la main droite une fois de temps en temps, c'est quand même difficile de se faire des surprises ou des erreurs sympathiques dans les manœuvres. Pour changer un peu, la plupart des gars ont déjà essayé de se sucer eux-mêmes, mais très peu y sont arrivés. Ce n'est pas que notre pénis ne soit pas assez long, c'est notre colonne vertébrale qui n'est définitivement pas assez souple !

Woody Allen a déjà dit que la masturbation était une façon de faire l'amour avec une personne que l'on aime, mais il y a quand même des limites à l'amour de soi. L'objectif ultime de tous les garçons est d'en arriver à faire l'amour avec une vraie fille. L'amour de soi, c'est bon quand on est tout seul.

Par contre, lorsqu'on a la chance de nouer une relation avec une fille, au début, il peut y avoir un décalage entre le désir masculin immédiat et celui

101

des filles, qui se projette le plus souvent dans l'avenir. Quand on est jeune et qu'on rencontre une fille, on doit souvent commencer par oublier la pénétration et tout le bazar du service complet.

Il s'agit d'une période très délicate pour un gars rempli de testostérone. Le simple fait de nous approcher d'une fille qui nous plaît nous mène déjà très près de l'éjaculation. Mais pour les filles, ça ne fonctionne pas de la même façon. Il faut parler un peu… pour la convaincre qu'elle est en présence d'un bon gars. Et après avoir réussi à la convaincre… on lui dit au revoir et on la regarde s'éloigner avec ses amies. Si on est chanceux, on l'a seulement embrassée. Et lorsqu'elle n'est plus là, les fantasmes nous assaillent comme des fantômes. La tension monte et on doit encore trouver un endroit intime pour se masturber en pensant à elle. Son odeur nous envahit pendant qu'on lui touche les seins, comme si c'était vrai.

Une fois la machine à fantasmes déclenchée, plus rien ne l'arrête. Quelques filles se joignent à la fête. Les seins se multiplient. Les bouches et les vagins s'ouvrent. Huit mains de filles deviennent folles de plaisir. Le sexe dressé à travers toutes ces femelles mouillées, une éjaculation forte se produit, en espérant que c'est la dernière fois sans la présence réelle d'une fille. En essuyant le sperme qui dégouline, la solitude reprend ses droits. On se dit qu'il faudrait vraiment devenir un peu plus adulte.

Et quand le grand jour arrive enfin, ce n'est jamais comme on l'avait imaginé. Dans nos fantasmes, la pénétration était l'expérience ultime… Alors que dans la réalité, c'est certes une expérience ultime, mais elle ne dure que quelques secondes !

La première fois que j'ai fait l'amour avec une fille que j'avais réussi à convaincre que j'étais un bon gars, nous étions dans le sous-sol de sa maison. Elle s'appelait Marie. En espérant que ses parents ne reviendraient pas de la soirée, nous avons commencé à nous embrasser et le temps s'est arrêté. Le vieux sofa sur lequel nous étions allait rester gravé dans ma mémoire pour le reste de ma vie. Il en était de même pour l'odeur des cheveux de Marie, la blancheur de son chemisier et la lumière blafarde de la lampe de chevet. Nous étions ivres de plaisir et j'ai senti que le corps chaud d'une fille me voulait enfin en elle. Était-ce possible? Mon sexe d'homme allait pénétrer un vagin.

Une fois nos corps suintants de désir déshabillés, dès que Marie m'a invité à entrer mon sexe dans son vagin de chair rose, chaude et moite, il a explosé de bonheur! Ce n'est pas humain de concevoir une caverne de peau d'une douceur aussi absolue! Une fois à l'intérieur, il est totalement impossible de résister à l'éjaculation. On est comme Lucky Luke qui tire plus vite que son ombre! Je ne pouvais pas croire que c'était déjà terminé, mais je devais bien me rendre à l'évidence. Pendant que Marie me regardait d'un air un peu étrange, je ne savais plus trop ce que je devais faire. Je n'avais aucune idée des exigences de l'orgasme féminin. Marie n'avait manifestement pas terminé, mais je n'étais plus en état de poursuivre.

En comparaison, l'orgasme masculin est plutôt simple. Il est même souvent considéré comme un peu superficiel. Si l'art du plaisir peut s'approfondir avec le temps pour être mieux partagé, la jouissance mâle demeure un phénomène biologique qui accompagne automatiquement l'éjaculation.

J'avais déjà entendu la vieille phrase latine *post coitum anima triste,* mais je ne l'avais jamais comprise comme au soir de mon premier amour. Les hommes sont-ils donc tristes depuis toujours après l'amour? Je venais de vivre l'expérience la plus attendue de ma jeune existence et, pourtant, je me sentais effectivement comme un animal désemparé. Quelque chose n'allait pas. C'est ainsi que j'ai commencé à apprendre que l'orgasme féminin ne fonctionnait pas du tout comme l'orgasme masculin. Il est triste qu'il ne soit généralement pas au rendez-vous lors des premières relations sexuelles. Il demande du temps et du savoir-faire de la part des deux partenaires.

J'ai aussi appris, beaucoup plus tard, que très peu de femmes atteignent l'orgasme par la simple pénétration. Certaines études prétendent même qu'à l'âge de 20 ans, 50 % des femmes n'auraient pas encore eu d'orgasme. D'autres études affirment même que le tiers des femmes n'atteindrait jamais l'orgasme de leur vie. Le deuxième tiers n'accéderait à l'orgasme qu'occasionnellement, ce qui fait que seulement un tiers des femmes aurait régulièrement un orgasme.

Avec des statistiques pareilles, les hommes qui sont préoccupés par la jouissance de leur compagne doivent se rendre compte que leur pénis peut constituer un coupable plutôt facile à trouver. Pourtant, les femmes qui ne se sont pas entraînées à atteindre l'orgasme par elles-mêmes ne peuvent pas s'attendre à ce qu'un pénis, aussi jeune et fringant soit-il, puisse faire tout le travail. Faire l'amour sans avoir appris à jouir par soi-même, c'est un peu comme vouloir jouer au hockey avec les Canadiens de Montréal sans avoir appris à patiner!

Bien sûr, les gars doivent découvrir la nécessité de prendre leur temps, apprendre à caresser un clitoris, à localiser le point «G» et à s'occuper de l'ensemble du corps des femmes pour les aider à se rendre au septième ciel, mais il serait absolument aberrant de penser que le pénis est responsable de l'orgasme féminin.

Le cliché qui veut que les filles éprouvent toujours le besoin de parler après une relation sexuelle est sans doute lié au fait que lorsqu'elles n'ont pas atteint l'orgasme, la tension sexuelle doit être évacuée autrement. Car une fille qui a eu un orgasme est comme un gars qui a eu un orgasme. Elle apprécie le moment présent et le silence. Et s'il est tard, elle s'endort elle aussi.

Après ma première relation sexuelle avec Marie, j'ai écouté un peu ce qu'elle avait à me dire. Étant dans ma période réfractaire, je n'avais pas du tout envie de parler. Je me demandais pourquoi je n'étais plus en érection alors que j'étais avec une fille nue. Le malaise a bien duré cinq minutes avant que mon jeune pénis soit de nouveau envahi par le désir. Alternant les cinq minutes d'amour et les cinq minutes de repos et d'écoute, j'ai fait l'amour à ma compagne à quatre reprises. Et j'ai finalement pensé qu'il devait être normal que je sois le seul à vraiment jouir.

# Le pénis et l'amour
## au temps de la préhistoire

### Victor, le pénis visionnaire

Compte tenu de mon âge vénérable, je ne raconterai pas l'histoire particulière de mon pénis. Comme pour la plupart des hommes, il a vécu de ses désirs et de ses frustrations. Depuis que mes hormones mâles se sont calmées et que je vois le monde rajeunir sans cesse autour de moi, je sais que nous créons nous-mêmes la majorité de nos problèmes. Pour comprendre les peuples, il n'y a rien de mieux que l'Histoire. Pour comprendre les êtres humains, il nous faudrait peut-être jeter un coup d'œil dans la préhistoire.

L'anthropologue américaine Helen Fisher explique que bien avant l'apparition de l'*Homo sapiens,* nos singes d'ancêtres ont vécu une transformation relationnelle qui allait avoir des répercussions jusque dans la vie amoureuse actuelle. Cette transformation a eu lieu il y a quelques millions d'années, à une époque où nos ancêtres avaient une vie sexuelle exclusivement régie par les pulsions animales. Si nous remontons très loin dans notre arbre généalogique, nous découvrons un groupe de singes qui a fait la découverte d'une nouvelle forme de collaboration entre les mâles et les femelles. Une nouvelle forme d'entente sexuelle a alors donné naissance au sentiment d'attachement.

Dans son ouvrage *La stratégie du sexe*[7], l'anthropologue nous dit que nos ancêtres femelles ont transformé leurs périodes limitées de rut en disponibilité sexuelle plus constante. C'est ainsi que les mâles, toujours intéressés à la chose par nature, ont commencé à partager le produit de leur chasse avec des femelles disponibles sexuellement. La sélection naturelle aurait du même coup privilégié ce trait génétique d'une plus grande réceptivité sexuelle chez les descendants. Les femelles enceintes ont été protégées par les mâles, car elles étaient réceptives pendant la période de grossesse, contrairement à tous les animaux. Les bébés conçus dans ce type de collaboration ont aussi acquis de meilleures chances de survie. En héritant d'une réceptivité sexuelle continue, la femelle *Homo sapiens* a développé une plus grande capacité de jouissance, ce qui a favorisé les accouplements et les naissances et, par extension, l'éclosion de la famille.

Il y a sans doute insuffisance de preuves pour démontrer la fidélité absolue de nos ancêtres monogames. Il semble même que ce passage entre la quête sexuelle tous azimuts et la satisfaction exclusive à l'intérieur d'un couple soit encore un sujet d'actualité.

Chez la plupart des animaux, la vulnérabilité des femelles qui ont des enfants fait en sorte qu'elles acceptent de vivre sous la protection d'un mâle

---

7. Helen Fisher. *La stratégie du sexe*, Paris, Calmann Lévy, 1983.

polygame. Ce mode de vie existe aussi chez certains groupes humains, et bien des hommes modernes aimeraient bénéficier de ce privilège. Le désir polygame demeure aujourd'hui une pierre d'achoppement qui complique les communications entre hommes et femmes. Généralement, les femmes considèrent que le désir polygame est une perversion, même si plusieurs d'entre elles souffrent autant que les hommes dans les relations monogames. Il faut aussi rappeler qu'elles sont maintenant à peu près aussi infidèles que les hommes. Comme le dit encore Helen Fisher dans *Histoire naturelle de l'amour*[8] : « [l]a femme dans notre société contemporaine n'est pas moins volage que l'homme. Elle est simplement plus discrète… » Aux prises avec les mêmes tensions, les hommes s'accommodent silencieusement de la monogamie, en rêvant souvent de retrouver l'excitation liée à une sexualité nomade.

Ces conflits modernes, qui n'ont aucune chance d'être compris dans une perspective morale culpabilisante, nous amènent à nous demander comment finalement nous allons concilier notre besoin d'attachement et la satisfaction de nos pulsions. Il est certain que le fait d'être amoureux permet temporairement de se retrouver en état d'unité intérieure, mais il est rare que ce sentiment d'unité se perpétue durant toute une vie. Plusieurs forces viendront assurément éprouver le sentiment de perfection monogame.

C'est ce modèle relationnel monogame, dont nous avons hérité, qui a consacré les femmes dans le rôle de

---

8. Helen Fisher. *Histoire naturelle de l'amour : instinct sexuel et comportement amoureux à travers les âges,* Paris, Éditions Robert Laffont, 1994.

génitrices et d'éducatrices d'enfants, pendant que les maris allaient à la chasse et plus tard à l'usine ou au bureau. Dans ce modèle, qui a tenu durant plusieurs milliers d'années, les mâles ont hérité du pouvoir politique et social, et cette particularité s'est perpétuée dans les sociétés civilisées jusqu'à nos jours.

Vers la fin du XIX<sup>e</sup> siècle et au début du XX<sup>e</sup>, la révolution féministe s'est amorcée. Les femmes ont commencé à réclamer le même statut politique que les hommes. Cette revendication citoyenne a permis l'accession au droit de vote, indissociable d'une participation réelle à la vie démocratique. Peu à peu, à travers le monde, cette revendication de l'égalité politique a entraîné d'importantes transformations, même s'il est bon de se rappeler que cette égalité politique n'est pas encore universelle.

À l'époque, plusieurs hommes se sont sentis menacés par le développement de l'autonomie des femmes. Mais au cours du XX<sup>e</sup> siècle, deux guerres mondiales meurtrières ont relégué au second plan les enjeux naissants de la guerre des sexes. Les hommes ont été réquisitionnés pour aller combattre dans un conflit monstrueux qui a détruit des nations et tué des millions d'êtres humains. Durant cette période, les femmes du XX<sup>e</sup> siècle ont remplacé les hommes dans les usines, et elles ont démontré que, dans les foyers, elles pouvaient s'organiser sans eux.

Lorsque la Seconde Guerre mondiale a pris fin, les femmes ont recommencé à faire des enfants et à assumer les responsabilités ménagères. Il était redevenu possible de rêver à un monde meilleur et, en Occident, cette période a été appelée le baby-boom. Pour subvenir aux besoins de nombreuses bouches à nourrir, les hommes sont retournés faire tourner les usines pour pouvoir rapporter de la viande à la maison, comme dans la préhistoire.

Mais l'avènement de la pilule anticonceptionnelle allait encore bouleverser les règles de la collaboration préhistorique. Développant leur autonomie psychologique et économique, les femmes ont commencé à avoir moins d'enfants et elles ont eu l'idée de les faire garder pour pouvoir travailler à l'extérieur du foyer, elles aussi. Les hommes ont ainsi perdu quelques privilèges secondaires, et l'image de certains mâles dominants en a pris un coup. Une certaine guerre des sexes s'ensuivit.

Les femelles du règne animal ne sont pas en conflit lorsqu'elles vivent sous la domination d'un beau grand mâle, fort et fier de sa personne. Les femelles les plus intéressantes et séduisantes recherchent activement les mâles de pouvoir pour assurer leur protection. De même chez les humains, nous n'avons qu'à nous présenter à un combat de boxe pour nous rendre compte que les mâles riches et puissants sont souvent entourés de femelles aux qualités esthétiques exceptionnelles. Dans cette veine, James Bond représente sans doute l'archétype du mâle irrésistible, mais franchement volage.

Mais voilà, les hommes ne sont pas tous des James Bond, et nos chères compagnes aspirent à dépasser le stade de la potiche ou de la poule de luxe. En se libérant de la maternité obligatoire et en accédant au marché du travail, les femmes modernes ont bouleversé l'entente sexuelle datant de la préhistoire. Peu à peu, disons ironiquement que les hommes ont compris qu'il était à peu près inutile de rapporter de la nourriture à la maison, puisque le frigo était déjà rempli. Nous pouvons maintenant nous demander quel type d'entente sexuelle nous trouverons pour remplacer l'ancienne. Sur cette question, il y a sans doute autant de réponses qu'il y a de couples aux prises avec la transformation des règles qui ont régi le comportement sexuel de l'*Homo sapiens*. Des tensions importantes s'exercent encore au sein des couples composés de deux personnes qui revendiquent le statut d'être libre.

Au cours de ce même XX<sup>e</sup> siècle, l'autorité religieuse patriarcale s'est aussi effondrée et le divorce est lentement devenu une mode qui fait qu'en ce début de XXI<sup>e</sup> siècle, les enfants ont parfois 12 paires de grands-parents, ce qui leur permet de ne jamais aller à l'école en prétextant le décès de l'un d'eux.

Du point de vue des relations amoureuses, les choses semblent aller de mal en pis. Tout le monde est capable de subvenir à ses besoins et personne n'a vraiment besoin de personne. Les investissements relationnels reposent donc entièrement sur les émotions narcissiques. Dans les couples, tout est constamment à redéfinir. Pour bien des femmes, il n'est surtout pas question de s'investir dans une relation où un homme pourrait même faire semblant de dominer. À l'opposé, les hommes ont souvent besoin de la sensation de pouvoir, même s'il s'agit d'un jeu ou d'une mise en scène, pour ressentir de l'excitation et du désir.

En matière de sélection sexuelle, une grande confusion règne. Alors que les hommes cherchent d'abord une compagne sexuelle agréable, sans considérer la question de l'investissement à long terme, les femmes donnent plutôt l'impression de tenir compte du contrat sexuel de nos ancêtres.

Confrontées à une réalité physiologique qui rappelle constamment la possibilité de mettre au monde des enfants, les femmes sont attirées par les hommes qui dégagent une impression de force. Les dominants naturels projettent une image de robustesse qui répond au besoin d'être protégée, même si nous ne sommes plus entourés de prédateurs comme dans la jungle. Puisque le spectre de la maternité entraîne toujours une certaine vulnérabilité économique, les femmes espèrent sans doute pouvoir compter sur un homme fort advenant une grossesse.

Chez les hommes, il n'y a aucun organe ni aucune formation physiologique qui soit spécifique à la paternité. Le pénis est un simple objet de plaisir. S'il existe un désir masculin d'enfant, il est entièrement psychologique. Il ne garantit pas non plus que celui qui le ressent sera un père attentionné. Un homme qui affirme d'emblée rechercher une relation à long terme est souvent un homme qui cherche à établir son emprise sur une femme.

Les jeunes femmes du XXIᵉ siècle ne savent pas toujours que leurs mères ont mené une lutte difficile pour se libérer de l'esclavage de la maternité obligatoire. Mais elles savent pertinemment que ces femmes révolutionnaires ont souvent hérité de la solitude en vieillissant. Par conséquent, les jeunes femmes sont ambivalentes face à la liberté d'un érotisme nomade puisque cette voie ne conduit manifestement pas à la stabilité. Cette sexualité festive peut durer un temps, mais elle ne permet pas d'assurer un statut social à plus long terme.

Pour les hommes, le problème est perçu d'un point de vue fort différent. Nous devons composer avec le désir d'attachement des femmes qui cherchent indirectement un géniteur potentiel pour l'avenir, alors que nous cherchons une amante pour le moment présent. Le contrat sexuel de la préhistoire n'est plus valide. Les femmes y ont mis fin en réclamant le même statut que les hommes, et ceux-ci ne trouvent pas toujours une bonne raison pour s'engager dans une relation, puisque les femmes donnent de plus en plus l'impression de ne pas vraiment avoir besoin des hommes.

Comme le dit si bien le sociologue Francesco Alberoni dans *Le choc amoureux*[9] :

« Il est possible de rendre quelqu'un amoureux si, au bon moment, une personne se présente et lui témoigne une profonde compréhension, si elle le conforte dans sa volonté de renouveau, si elle le pousse dans cette direction, si elle l'encourage, si elle se déclare prête à partager le risque du futur en le soutenant, en restant à ses côtés, quoi qu'il arrive et pour toujours. »

Pour les hommes, c'est la disposition des femmes au plaisir érotique qui pourra entraîner l'émergence du sentiment amoureux. Le point de vue du pénis sur le grand amour est donc assez clair et plutôt simple. Avant de vouloir construire l'histoire de toute une vie avec une partenaire, il serait souhaitable de commencer par passer une bonne soirée. En matière se satisfaction sexuelle, il semble bien que la préhistoire soit toujours d'actualité.

---

9. Francesco Alberoni. *Le choc amoureux*, Paris, Ramsay, 1981.

# Le féminisme castrant
# dans l'univers de la drague

## Claude, le pénis en colère

Si le féminisme est à la base un mouvement de libération qui vise l'accession des femmes à l'égalité, il n'y a pas un homme intelligent et respectable qui va s'opposer à la perspective d'être en relation avec une femme intelligente et respectable. Par contre, si nous pouvons tous concevoir qu'il y a eu un rattrapage historique à faire au plan de la dignité et de l'égalité, nous devons maintenant constater que plusieurs femmes se servent aujourd'hui de cette bataille légitime pour déclarer une guerre éternelle contre le genre masculin.

Dans son ouvrage intitulé *Fausse route*[10], la philosophe féministe française Élisabeth Badinter nous invite à une profonde et pertinente critique du féminisme. Elle écrit:

*À en croire certains discours, il ne s'agit plus seulement de condamner les obsédés, les pervers.*

---

10. Élisabeth Badinter. *Fausse route*, Paris, Éditions Odile Jacob, 2003.

*Le mal est bien plus profond et touche la moitié de l'humanité. C'est le principe même de virilité qui est mis en accusation. D'un côté Elle, impuissante et opprimée ; de l'autre Lui, violent, dominateur, exploiteur. Les voilà l'un et l'autre figés dans leur opposition. On prône ainsi un encadrement de plus en plus strict de la sexualité masculine qui atteint par ricochet celle des femmes. L'élargissement progressif de la notion de crime sexuel et la répression mise en place depuis quelques années dessine la carte d'un sexe légal, moral et sacralisé en opposition radicale avec la liberté sexuelle dont usent les nouvelles générations. En luttant aujourd'hui pour l'élargissement de la répression du crime sexuel à la prostitution et à la pornographie, le féminisme bien pensant n'hésite pas à faire alliance avec l'ordre moral le plus traditionnel.*

Il existe donc un féminisme qui dévalorise le genre masculin en lui-même, comme il existe une pensée phallocrate misogyne. « Tu penses avec ta queue ! » disent certaines femmes qui considèrent la pensée masculine comme une perversion à castrer. Il faut rappeler qu'une queue ne pense pas, mais que les testicules émettent effectivement des hormones de désir. Si le cerveau masculin exprime facilement ce désir, c'est qu'il s'agit d'une manifestation essentielle du plaisir de vivre. Est-ce qu'un certain féminisme considère toute entreprise de séduction comme déjà une forme de harcèlement ?

Dans cette position de victime, où tous les mâles sont des prédateurs en puissance et les femmes des proies innocentes, la relation amoureuse apparaît comme le lieu d'un éternel rapport de force. Les conflits sont toujours une conséquence des erreurs de l'autre. Qui veut encore s'engager dans une relation amoureuse à long terme dans de telles conditions? Nous n'avons qu'à lire les titres d'innombrables revues à sensation relatant la vie des stars pour nous convaincre que même les êtres considérés comme les plus beaux, les plus riches et les plus désirables sont à peu près incapables de vivre ensemble au-delà de quelques mois de romance juvénile.

Dans ces conditions, la drague devient de plus en plus une façon de vivre, même si les contacts qui y sont noués entraînent souvent plus de problèmes que de plaisirs.

Il est toujours troublant de constater que les mâles les plus dominants sont ceux qui réussissent le mieux à attirer les femelles. Un homme de bonne humeur et d'agréable compagnie qui déclare honnêtement qu'il est en quête d'une aventure pour le simple plaisir risque fort de finir sa soirée tout seul. Alors qu'un macho qui ment comme il respire, prêt à faire rimer le mot amour avec toujours, a toutes les chances de copuler. Le mensonge semble essentiel à la séduction.

Le lendemain, la semaine suivante ou quelques années plus tard, les femmes seront inévitablement déçues par ces machos qui provoquent des catastrophes humanitaires. C'est ainsi qu'une réflexion féministe superficielle permet aux femmes modernes de se convaincre de leur supériorité morale, en oubliant de se demander pourquoi elles ont choisi ce type d'animal. Il n'y a alors qu'un pas à faire pour déclarer qu'elles n'ont pas vraiment le choix, puisque tous les hommes sont des espèces de babouins dominants. Et plusieurs franchissent allègrement cette limite qui complique encore les communications.

Dans l'univers de la drague, cette confusion règne en maître. Peut-être que, pour éviter d'avoir à se reprocher une erreur, les femmes s'installent souvent sur un trône psychologique de supériorité. Les hommes gravitent donc autour de ces forteresses en héritant encore et toujours de l'entière responsabilité de séduire. De cette position hautaine, les femmes ont le pouvoir absolu de refuser les avances en snobant les soupirants. Comme si la gueule méprisante du top-modèle était de mise devant ces disgracieux animaux à poils que sont les mâles. S'il est tout à fait permis de refuser des avances, serait-il possible de faire preuve d'un peu de gentillesse, peu importe l'issue d'un flirt? Un sourire et quelques mots agréables suffiraient largement.

Bien sûr, nous savons tous que certains mâles sont plus proches de l'orang-outang que de l'homme pensant, et il est tout à fait compréhensible que les femmes répondent agressivement à des avances agressives. Mais tous les hommes ne peuvent pas être des brutes épaisses. La plupart des hommes sont même des êtres intéressants et passionnés. Notre désir manifeste est porteur du plaisir d'exister. Nous sommes des êtres chauds par nature et il est généralement agréable de nous côtoyer, même s'il nous arrive de parler un peu fort et de rivaliser entre nous. C'est pour le plaisir que nous agissons ainsi. Par nos sports et nos discussions musclées, nous socialisons notre besoin de marquer notre territoire. Une infime parcelle des hommes sont armés et dangereux. Très peu de mâles sont aux prises avec une psychopathologie de prédateur sexuel.

Généralement, nous souhaitons simplement vivre des moments de tendresse érotique pour oublier que la vie est trop courte et que nous devons travailler durement tous les jours.

En matière de drague, puisque les femmes font rarement les premiers pas, elles devraient savoir que ce risque est éprouvant pour l'estime de soi. Il est vrai que, en prenant peu de risques, elles vivent peu d'échecs. Mesurant souvent leur pouvoir de séduction au nombre de têtes masculines qui se retournent sur leur passage, elles ignorent en général froidement ces regards. Si les femmes nous trouvent parfois maladroits dans nos avances, elles doivent savoir que nous sommes submergés par un désir intense qui prend sa source dans notre fonctionnement biologique. Tenter de nier ce désir serait comme essayer d'empêcher un cœur de battre.

Il existe heureusement des femmes qui savent s'investir dans une relation de plaisir pour le plaisir, mais ce phénomène est plus rare, sinon le bonheur des hommes serait complet. Par contre, chose certaine, une femme qui a le courage d'aller vers un homme n'est à peu près jamais reçue par un mur de froideur et d'indifférence. Lorsqu'une femme décide de séduire un homme, cette avance ne donne pas nécessairement lieu à une grande passion érotique ni à un grand amour qui débouchera sur des projets à long terme avec « le papa, la maman, le bébé, le chien… et pis la tondeuse à gazon », comme dit Plume Latraverse dans une de ses chansons. Pour les hommes, le potentiel de relation à long terme n'est pas un critère de sélection. Bien sûr, lorsqu'une fille nous drague, nous avons un peu tendance à perdre la tête. Mais nous promettons de développer de nouvelles habiletés si, par bonheur, ça pouvait nous arriver plus souvent.

En matière de drague dans les bars, les femmes trouvent que les hommes sont fous, et les hommes pensent la même chose des femmes. Pour cette raison, il serait peut-être temps que les hommes adoptent un code d'éthique de la drague. Le code d'éthique qui suit constitue indirectement un petit répertoire des mauvais traitements que certaines femmes font subir aux hommes. Il a été élaboré à partir de faits vécus par des hommes. L'objectif n'est pas ici de déterminer qui, des hommes ou des femmes, sont les plus cruels, mais bien de mettre fin à nos cruautés respectives, en interpellant l'intelligence des deux sexes. Dans le but de mettre fin aux comportements de castration dans les entreprises de séduction, voici donc un code d'éthique de la drague qui pourrait être affiché au mur dans les bars, par exemple.

### Petit code d'éthique de la drague

*Lorsqu'une femme viendra vers moi pour me draguer, je promets que je ne serai pas méprisant si elle est trop petite ou trop grosse à mon goût. Je ne rirai pas d'elle si elle porte des vêtements qui ne correspondent pas à mes standards. Je promets de ne pas m'informer du type de voiture qu'elle conduit ni d'essayer de déterminer sa valeur en observant son trousseau de clés. Je ne lui demanderai pas de déclarer son salaire annuel, comme si elle devait se qualifier économiquement pour obtenir le droit de me parler.*

*Si elle me drague plus directement en mani-
festant son désir, je ne tenterai pas de lui faire
payer mes consommations avant de m'éclipser en
douce à la fin de la soirée. Si elle m'embrasse et
qu'elle m'invite à finir la soirée avec elle, je ne la
laisserai pas tomber en cours de route après avoir
manifesté mon intérêt. Si je ne suis pas intéressé,
quelle qu'en soit la raison, je tenterai d'adopter
une attitude de respect pour la valeur de son
désir. Au besoin, je lui expliquerai simplement ce
qui n'est pas compatible avec mon propre désir.
Puisque les femmes prennent rarement le risque
de manifester de l'intérêt envers un homme, je
ferai preuve de reconnaissance et de solidarité
humaine. Je ne serai pas agressif.*

*Par contre, si une invitation me convient et
que nous nous rendons chez moi ou chez elle,
je ne tenterai pas de prendre le contrôle de son
existence. Elle continuera à avoir le droit de
vivre en dehors de notre relation naissante. Si
nous éprouvons mutuellement le désir de nous
engager à plus long terme, je promets de ne pas
l'enterrer sous les récriminations traditionnelles
des couples mariés depuis trop longtemps. Si
un jour nous décidons d'avoir des enfants, pour
notre plus grand bonheur, je conçois cette importante responsabilité comme étant partagée pour
le reste de nos jours, peu importe ce qui adviendra
de notre relation. Je ne considérerai jamais que
la mère n'est pas essentielle à la croissance de ses
enfants et je ne tenterai pas de l'effacer de leur vie.
Je ne tiendrai jamais un discours dévalorisant le*

*sexe féminin auprès de nos enfants. Je promets de ne jamais inventer d'accusations d'abus sexuel ou de faux comportements incestueux si un jour nous désirons mettre un terme à notre relation économique et amoureuse.*

*Je m'engage surtout à passer une excellente soirée et à renouveler l'expérience aussi souvent que nous le désirerons tous les deux.*

Ce code d'éthique comporte finalement les mêmes exigences pour les deux sexes. N'avons-nous pas avantage à baisser la garde pour redécouvrir le désir comme un jeu basé sur le plaisir, sans y lier de graves conséquences? Pouvons-nous libérer la drague de l'ombre de la monogamie traditionnelle? Le plaisir de baiser peut-il être libéré des règlements de comptes de la guerre des sexes?

C'est à se demander si l'humanité doit s'orienter vers l'homosexualité universelle pour que les hommes et les femmes puissent répondre correctement à leurs besoins... Dans cette foulée, il faudrait aussi nous demander si la valorisation de l'homosexualité féminine n'est pas aussi liée à une forme de règlement de comptes envers la culture hétérosexuelle. Il y a actuellement un mouvement de valorisation de la culture gaie qui est sans contredit libérateur pour ceux et celles qui ont été obligés de vivre sous le poids des condamnations sociales et religieuses. Mais à voir la croissance du phénomène de l'homosexualité féminine, les mâles hétéros peuvent se demander s'ils ne sont pas, comme le rhinocéros, en voie de disparition. Sur certaines pistes de danse et dans les fêtes privées, il est de plus en plus fréquent de voir les filles s'embrasser ou se caresser ouvertement entre elles. Par contre, ces attouchements excitants pour les gars ne constituent pas des préludes aux contacts hétérosexuels. Ces comportements lesbiens sont plutôt une forme de spectacle sauvage qui exclut les gars en les condamnant à la frustration masturbatoire.

Non pas que le lesbianisme soit un problème en soi. En considérant la nouvelle mode que les Américains ont appelée *lipstick lesbian* (femme de grande classe, mince et élégante qui baise avec des femmes de grande classe, minces et élégantes), bien des hommes seraient prêts à devenir eux-mêmes lesbiens! Cette culture lesbienne valorise d'ailleurs le spectacle, pour le plus grand plaisir des femmes et des hommes intéressés. La série télévisée américaine *The L Word* (en français : *Elles*) se réclame de ce mouvement. En flirtant avec une pornographie esthétique et léchée, les scénarios nous apprennent par ailleurs que les jolies lesbiennes ont les mêmes problèmes que les hétéros, oscillant entre le désir et les conflits amoureux de toutes sortes. Par contre, comme pour la culture homosexuelle mâle, la sexualité y est tout de même présentée comme beaucoup plus facile à satisfaire que dans la culture hétérosexuelle.

Cette culture lesbienne radicale se considère par ailleurs ouvertement supérieure au genre masculin. La pensée qui sous-tend ce mouvement considère clairement que les mâles sont une race inférieure, au-dessus de laquelle se situent les femmes hétéro-sexuelles, qui comprendront, en fin de compte, qu'elles doivent atteindre le statut ultime de lesbiennes. Au cours des années 1970, une féministe extrémiste (une Américaine d'origine canadienne), Shulamit Firestone, a écrit *The Dialectic of Sex*[11] où les hommes sont considérés comme des ennemis des femmes et la cause absolue de leur oppression. La solution qu'elle proposait était simple : séparer définitivement les hommes et les femmes et assurer la survie de l'humanité par l'insémination artificielle. Est-ce vraiment une voie à suivre ? Est-ce que les défauts de certains hommes sont une raison suffisante pour que le féminisme quitte le champ de l'humanisme ?

Comme le dit encore la psychanalyste et féministe française Élisabeth Badinter, « [l]'homme n'est pas un ennemi à abattre ». C'est tout simplement ahurissant de constater qu'il soit aujourd'hui nécessaire de le rappeler.

---

11. Shulamit Firestone. *The Dialectic of Sex: A Case for Feminist Revolution*, New York, Morrow, 1970.

# Le pénis amoureux éprouve quand même des désirs polygames

## Luc, le pénis ludique

Je suis follement amoureux de Marie, mais je désire quand même les autres femmes. Mon pénis bande sans discrimination. Même si je préfère être amoureux pour avoir des relations sexuelles, il n'est pas rare que je tombe amoureux dès que j'entre en contact avec une femme qui me plaît. Je ne sais pas comment parler de cette loi de mon désir à ma compagne.

Lorsque je fais l'amour avec Marie, son sexe qui accueille le mien est un réconfort absolu. La vie est complète et la mort elle-même ne me dérange plus. Lorsque je suis saisi de cette exquise excitation, je voudrais pour toujours être ce sexe en érection. Depuis que j'ai appris à retarder mon éjaculation, j'ai l'impression de participer à l'histoire de l'évolution humaine qui culmine, selon moi, avec l'orgasme de Marie. À travers le règne animal, il y a, semble-t-il, très peu de femelles qui atteignent l'orgasme. Du point de vue de la reproduction, l'orgasme féminin n'est malheureusement pas nécessaire. Les choses inutiles sont parfois les plus intéressantes.

Dans nos moments d'orgasme, il m'arrive de désirer que la vie s'arrête à tout jamais. Je me maintiendrais éternellement dans cet état pré-éjaculatoire. Mais je finis toujours par éjaculer quand même, et la fête animale s'estompe peu à peu.

La vie reprend son cours normal, et c'est alors qu'un curieux problème ressurgit. Le corps de Marie a de moins en moins de secrets pour moi et je la désire moins. Au début, la distance qui me séparait d'elle me permettait de désirer la connaître. Et avec le temps, je la connais effectivement de plus en plus. Son visage m'est devenu familier. Je remarque que ses lèvres ne sont plus toujours habitées par les tremblements du désir. Moi aussi, je deviens un être découvert. Les seins de Marie ne pointent plus toujours vers moi. Son sexe n'est pas toujours disponible. Parfois, les exigences du quotidien nous rendent irritables. Les jeux de séduction cessent d'être notre mode de vie. Nous n'arrivons pas toujours à nous renouveler. Ce qui est connu est moins excitant que ce que l'on découvre pour la première fois. Je n'aime pas ces états familiers.

Puisqu'il m'est impossible de ne pas observer autour de moi, je vois des femmes inconnues qu'il serait sans doute fascinant de connaître. Je remarque des visages différents, des odeurs aussi nouvelles qu'enivrantes. Toutes les bouches diffèrent. Les seins nous invitent. Je suis entouré de sexes de femmes qui me sont cachés et qui pourraient le demeurer pour toujours. Dans mon corps de chasseur, j'ai parfois l'impression que la vie est toujours ailleurs. Pour aimer une femme, faut-il vraiment se priver d'aimer toutes les autres ?

Et pourtant, j'aime Marie ! Surtout lorsqu'elle arrive encore me surprendre. Lorsqu'elle émet une idée qui m'intéresse. Lorsqu'elle me touche à un moment où je ne m'y attends pas. Quand elle me propose une nouvelle façon de faire l'amour. J'aime les projets de Marie, ses passions, sa façon d'être au monde et de vivre intensément. Il m'arrive aussi d'avoir l'impression que son plaisir diminue en ma présence. Et lorsqu'elle n'est pas avec moi et que je sors, toutes les autres femmes réapparaissent comme autant de possibilités de plaisirs… dont je dois me priver.

Je voudrais faire comprendre à ma Marie que ces désirs n'expriment rien contre elle. Mais je ne me risque pas à parler de ces fantasmes pour ne pas éveiller chez elle des soupçons qui pourraient briser notre plaisir. Pourtant, je ne peux pas ne pas désirer d'autres femmes. Je ne saurais pas comment faire. Mon sexe est habité par une force qui me dépasse.

Je m'abstiens de parler de mes désirs fous à Marie, car je me dis que si par malheur elle éprouvait les mêmes désirs illicites que moi, je me retrouverais prisonnier de mes instincts mâles. La seule pensée d'imaginer Marie avec un autre homme éveille en moi des fantasmes meurtriers.

Je suis capable d'amour dans la mesure où je règne comme un lion prêt à se battre pour protéger toutes ses femelles.

# Hommage au pénis féminin

## Victor, le pénis visionnaire

Même si les présents *Monologues du pénis* peuvent être considérés comme une réponse aux *Monologues du vagin*, il est bon de se rappeler que le vagin n'est pas l'homologue du pénis. Le véritable homologue du pénis est un petit organe féminin dédié au plaisir, nommé le clitoris. Le clitoris est littéralement la partie la plus bandante du corps de la femme, car, comme le pénis, il est érectile.

Lorsqu'on a demandé à Jean-Paul Sartre s'il était un bon amant, il a répondu qu'il se considérait comme «un bon masturbateur de clitoris». Cette déclaration étonnante laisse penser que les qualités d'amant du philosophe n'étaient pas liées aux attributs de son organe viril, mais bien à un intérêt altruiste pour son équivalent féminin. Il n'est pas absolument nécessaire d'avoir un pénis pour faire jouir une femme. Il serait même possible qu'une trop grande concentration sur le phallus soit en fait un obstacle.

Au début des années 1980, le rapport Hite sur la sexualité des femmes a révélé que seulement 26 % des 3 000 femmes qui ont participé à l'étude atteignaient l'orgasme pendant un rapport sexuel vaginal, sans qu'il y ait de stimulation manuelle du clitoris. L'étude a aussi révélé que 19 % des femmes avaient rarement un orgasme durant un rapport vaginal, 16 % en avaient un s'il y avait stimulation du clitoris en même temps, et 24 % n'atteignaient jamais l'orgasme durant le rapport sexuel. De plus, 12 % des femmes n'avaient jamais eu d'orgasme, quelle que fut la condition, et 3 % n'avaient jamais eu de rapport sexuel. Cela signifie qu'environ 8 femmes sur 10 n'ont pas d'orgasme avec la seule stimulation vaginale. Rien ne permet de penser que ces chiffres ont pu changer au cours des années suivantes.

Au début du siècle, les théories de Freud concernant la jouissance des femmes avaient considérablement brouillé les cartes. Car Freud avait déclaré que l'orgasme clitoridien constituait une jouissance immature et superficielle, alors que l'orgasme vaginal témoignait d'une capacité d'abandon à un plaisir plus profond et finalement adulte. L'aspect commode de cette conception, c'est qu'elle rendait indispensable l'intervention toute puissante de l'organe mâle, ce que le mouvement féministe a considéré, à juste titre, comme une forme d'aliénation sans fondement biologique.

Depuis cette époque, nos connaissances en embryologie ont confirmé que le clitoris et le pénis sont de même nature, des organes de plaisir riches en terminaisons nerveuses. Par conséquent, nous devons faire remarquer à notre ami Sigmund Freud que si l'orgasme clitoridien était immature et superficiel, il en irait exactement de même pour l'orgasme du pénis, car il s'agit en fait d'un gros clitoris. Faut-il ajouter que toutes les caresses appréciées par un sexe mâle peuvent être appliquées au clitoris et que les orgasmes qui en résultent sont tout aussi appréciables.

Même si tous les animaux copulent, il semblerait que l'orgasme féminin soit une prérogative de l'*Homo sapiens*. En retardant temporairement son plaisir, l'homme intelligent peut découvrir le plaisir incomparable de pénétrer une femme alors qu'elle est sur le point d'atteindre l'orgasme. Pour vivre cette expérience, il suffit d'accepter que le pénis ne soit pas le premier responsable de la jouissance féminine. Et pour y parvenir, il est essentiel de reconnaître que les femmes ont aussi un pénis, et de prendre le temps de s'en occuper, comme nous aimons qu'elles s'occupent du nôtre.

Entre le modèle machiste, où les femmes attendent éternellement que les hommes leur procurent un orgasme, et le modèle féministe, où les femmes se procurent un orgasme par elles-mêmes en rejetant les hommes, est-il encore possible de nous rencontrer dans une relation de collaboration qui mène au plaisir partagé ?

# Même l'amour véritable peut mener à la déprime monogame

## Antoine, le pénis angoissé

Au cours de ma vie, j'ai finalement trouvé une femme qui manifestait du désir à mon égard. Je suis tombé amoureux à en devenir fou de bonheur. J'ai vécu cette époque où on baise toute la journée comme si c'était la première et la dernière fois de notre vie. Envahi par cette passion amoureuse qui a duré quelques années, je suis devenu une partie d'un couple. Grâce à une femme de désir, mon pénis a enfin été convié à la vie. En devenant objet de désir, j'ai cessé d'être une erreur de la nature.

Dans cette relation, j'ai eu la chance de réparer un peu mon histoire malheureuse. Je ne pensais jamais rencontrer une femme avec laquelle je pourrais croire en l'avenir ; et des enfants sont nés de cette relation. Je me suis investi à fond dans cette lourde responsabilité qui consiste à donner la vie. Mon sexe d'homme est devenu créateur de vies nouvelles. Cette période de ma vie demeurera à jamais gravée dans ma mémoire. Des êtres qui n'existaient pas ont vu le jour, en partie grâce à moi. J'aurai donné la vie. En devenant père, j'ai cessé d'être seulement un fils et toute ma compréhension de la vie a changé. Par contre, si la fierté de ce nouveau statut fait désormais partie de moi jusqu'à ma mort, j'en connais aussi les exigences. Il n'y a pas de tâches plus difficiles à réaliser dans la vie d'un homme.

J'aimerais bien dire que ma paternité n'a rien changé à ma vie amoureuse. J'aimerais bien dire que l'échec habituel des couples ne soit pas mon lot, mais je ne le peux pas. Malgré le plaisir et le bonheur intenses de nos premières années, j'ai perdu le lien avec ma compagne. Au fil des exigences du quotidien, notre lien intime s'est abîmé. Le temps a fait son œuvre et notre amour a été submergé. Malgré un profond respect qui demeure, il est devenu de plus en plus difficile de nous désirer. Comme si nous nous appartenions déjà trop, nous avons perdu le mode d'emploi du plaisir.

Cette détresse sourde a débuté lentement après la naissance des enfants. Nous nous sommes perdus en devenant des parents. Probablement comme mon père, au cours de sa propre histoire, j'ai un jour cessé d'être un amant. Je me suis lentement rendu compte que j'avais transformé mon amante en mère.

La famille entraîne dans son sillage plusieurs périls pour le désir : les nuits d'insomnie, les couches à changer, les dents qui percent, la fièvre qui s'ensuit, les maladies, les séjours à l'hôpital, les angoisses de la croissance, les crises de larmes, les conflits entre frères et sœurs, l'école qui commence, les lunchs à préparer, le service de garde à payer, l'école qui finit, les devoirs qui assassinent les soirées, la fatigue du boulot, le stress de recommencer, l'hypothèque à payer, la voiture à faire réparer, le temps qui passe, les enfants qui grandissent, les parents qui vieillissent, les ados qui veulent de nouveaux souliers, des vêtements signés, des broches orthodontiques, des pantalons trop grands, des jupes trop courtes, des cigarettes et des plantes hallucinogènes ; la directrice de l'école a appelé ; une nouvelle école à trouver, la police qui s'en mêle ; c'est encore illégal de consommer ; le cœur qui débat, l'estomac qui se noue, les exigences qui se multiplient, les adultes sont dépassés ; les vacances sont passées ; le monde du travail est en crise, il faut quand même y retourner, le toit est à changer, ma mère a eu un cancer, mon père était déjà mort du cœur ; elle ira le rejoindre après des années de douleurs ; les corps sont pleins de larmes, la dépression guette, nous connaissons trop l'issue finale de la vie. Nous savons tous que nous perdrons notre dernier combat, mais nous devons quand même continuer.

C'est ainsi que le temps a transformé notre fête amoureuse en habitude. Et la présence du désir, qui hurle à l'intérieur, a souvent envenimé notre malheur. J'en suis désolé, mais je ne peux que constater les dégâts. Je sais bien que je ne suis pas le seul à vivre cet échec et que la majorité des couples vivent dans l'affrontement perpétuel. Mais la banalité n'est jamais un réconfort. Les couples sont rarement heureux et, malgré une vie quotidienne qui s'apparente à l'enfer, certains couples maintiennent le *statu quo* pour éviter l'angoisse du retour à la solitude ou pour sauvegarder l'équilibre économique.

J'ai connu l'amour et la fête érotique, mais mon désir est mort dans les dédales de la monogamie traditionnelle. Cette relation amoureuse a pourtant déjà été la valeur centrale de ma vie, mais c'est comme si je l'avais épuisée. Comme si nous étions condamnés à manger le même plat, tous les jours, pour le reste de notre vie.

Dans ces moments de réflexion, je repense souvent à l'homme et à la femme qui m'ont donné la vie. J'ai de plus en plus l'impression que je les ai mal compris. Remarquez, c'était à eux de me comprendre. C'était moi, l'enfant. Mais maintenant que j'ai donné la vie, je sais que j'ai aussi donné la mort à mes propres enfants. Il n'est pas facile de devenir parents en demeurant des amants. Je sais ce que c'est que d'être dépassé par les événements et d'être habité par un désir emmuré vivant.

En observant les hommes autour de moi, je suis absolument certain que la détresse sexuelle est une sensation que la majorité des hommes éprouvent à un moment ou l'autre de leur vie.

Puisque le désir de faire l'amour ne disparaît pas avec les conflits amoureux, les hommes malheureux recommencent à se masturber comme des adolescents. Faire l'amour redevient un acte évoqué sur le mode de l'espoir. Dans ces conditions, l'autoérotisme n'est même plus jouissif. Il devient un geste d'entretien pour ne pas exploser de l'intérieur. Il est un constat d'impuissance. L'éjaculation apparaît à la fois comme la fin du plaisir et une triste déclaration de solitude.

Les hommes monogames ont souvent l'impression d'être de grands chasseurs prisonniers d'une maison gardée par une femme.

Alors, la vie des fantasmes reprend le dessus, comme à l'adolescence. Les hommes rêvent d'aventures sexuelles intenses avec une inconnue. Plus de la moitié réalisent leur fantasme, si on en croit les statistiques. Et certains hommes finissent par éprouver du plaisir uniquement avec leur amante. C'est la dynamique de la vierge et de la putain. L'épouse est devenue une représentation asexuée de la mère. La femme que l'on a aimée est aussi celle qui nous empêche d'aimer toutes les autres.

Et si la religion n'est plus présente pour contrôler nos comportements, nous avons maintenant le sida et toutes les autres maladies sexuellement transmissibles pour nous rappeler qu'il est possible de mourir de nos désirs.

Malgré le malheur de mon pénis, je reste là, immobile, dans mon couple qui m'ennuie. La peur me paralyse dans la fidélité, en espérant que je serai quand même fier de moi lorsque je serai vieux.

Je me découvre, au milieu de ma vie, comme si j'étais encore un petit garçon. En attendant de grandir, je bande devant des femmes pornographiques que je ne connaîtrai jamais et j'éjacule dans le silence de la nuit.

# Le serment ultime,
# le désir ou la mort

## Philippe, le pénis philosophe

La peur de mourir seul est sans doute la plus grande motivation à supporter les absurdités de la vie. Quelle belle invention que ce cerveau que nous avons! Impossible de nous contenter de vivre, comme des animaux, selon nos pulsions du moment. Non seulement il nous faut jouer le jeu des exigences sociales pour survivre, mais en plus, nous devons vivre avec la conscience de notre éventuelle disparition.

Nous sommes vraiment des êtres perfectionnés! Devant le silence de l'univers, il n'est pas étonnant que nous ayons inventé des dieux pour veiller sur nous. C'est parce qu'au point où on en est, on en a vraiment besoin.

Mais l'attention que nous donnons aux dieux est souvent à la mesure de notre déception devant les limites de notre propre existence.

Nous naissons seuls dans l'univers et nous mourons aussi dans la solitude la plus complète. Et que peut bien changer l'amour en de telles circonstances? Notre mort sera-t-elle plus facile à vivre en quittant un être aimé?

Advenant que la mort de l'autre précède la nôtre, en quoi notre amour sera-t-il secourable?

Malgré ma nature de mâle en état de désir, la femme que j'aime me sera un jour enlevée. Belle perspective. L'infidélité ultime, c'est la mort. Et l'idée d'assister au départ de mon amante est proprement insupportable pour le feu qui me consume. La nature n'est pas bonne, comme les écologistes le prétendent. Elle est profondément violente et obscène. Je ne peux simplement pas me résoudre à l'idée de tenir dans mes bras le corps déserté d'une femme que j'ai aimée.

Devant une telle perspective, j'ai deux choix. Je peux faire comme plusieurs de mes contemporains : choisir l'anesthésie comme mode de vie. La tiédeur ou le malheur permettent sans doute d'éviter de trop souffrir… Ou bien je choisis d'aimer, sans restriction, toutes les femmes que je rencontrerai.

Mais cette seconde possibilité n'est pas plus facile à vivre, car je serai confronté à la tristesse des refus, alors que toutes mes réussites se traduiront par autant d'infidélités lorsque la chienne de mort passera sur toutes les femmes que j'aurai aimées.

En ce qui concerne ma propre mort, bien que je ne sois pas pressé de délaisser mon corps, je ne sais pas si mon départ définitif sera plus paisible en compagnie d'un être aimé qui me survivra. Le désir a un destin tragique. La culture d'un univers de plaisirs se termine nécessairement par un grand drame. Mais le sentiment de ne pas vivre ou de me réserver à une spiritualité désincarnée m'est encore plus insupportable.

Est-ce pour justifier la mort et en faire une libération que nous nous enlaidissons en vieillissant et que la douleur nous envahit peu à peu?

Comme plusieurs hommes le souhaitent ardemment, j'aimerais mourir en plein orgasme. Puisque nous savons tous que la mort peut fondre sur nous à n'importe quel moment, ne serait-il pas souhaitable de commencer tout de suite à faire l'amour ?

# Le pénis égaré dans l'univers virtuel d'Internet

## Luc, le pénis ludique

Marie est en voyage d'affaires en Orient depuis deux semaines et, encore une fois dans l'histoire de ma vie, je me débats avec le besoin d'éjaculer. Ce n'est pas un caprice, ce n'est même pas une idée, ce n'est pas un choix, c'est un désir impérieux qui se manifeste par une sensation physique. Mes idées sont fixes et mon souffle est court. Mon regard s'envole et ma nuque se tord lorsque je croise des filles *sexy*. Je suis subjugué par le rouge de leurs lèvres, le mouvement de leurs jambes, leurs seins rebondis, leurs fesses invitantes et leurs jolis pieds qui s'éloignent. Je suis chez moi, troublé par l'absence cruelle de femelle autour de moi. Ma prostate est pleine de sperme. Je suis comme un loup qui hurle à la lune, mais je ne peux pas sortir pour aller à la chasse. Je suis en conflit avec mon pénis.

Je sais que plusieurs de mes amis vont sortir ce soir dans l'espoir de rencontrer une fille sympa qui voudra bien passer la nuit avec eux. Je sais aussi que plusieurs d'entre eux vont terminer la soirée les poches vides et les gosses toujours pleines. Me souvenant des lumières violentes qui suivent le *last call*, la peur de me sentir abandonné par la vie est plus que suffisante pour que je demeure chez moi. Et comme je suis en couple, je serais obligé de mentir. Je serais obligé de faire croire que je suis libre ou que ça va très mal avec ma copine. La détresse amoureuse, ça attire toujours des filles. Mais je ne veux pas jouer ce jeu qui mène de toute façon au malheur.

Je repense à certains de mes amis qui ont abandonné la course. Écœurés d'être rejetés par des filles agressives, plusieurs se sont réfugiés dans le cyberespace. Ils disent ouvertement que, s'ils n'ont pas l'impression de gagner dans cet univers virtuel, au moins, ils n'ont plus l'impression de perdre. Ils contrôlent ce qu'ils peuvent et, pour répondre à leurs besoins sexuels, ils n'ont qu'à débourser quelques dollars pour accéder à des sites où des filles leur laissent croire qu'elles ont vraiment du plaisir à se faire baiser par des hommes fantômes.

Dans l'état où je suis, je me dis que je n'ai rien à perdre à aller explorer les charmes du sexe virtuel. De cette façon, je serai moins confronté à la sensation de tromper ma blonde.

Ma solitude érotique étant trop lourde à porter, je me dirige vers mon ordinateur. J'appuie sur le bouton, comme s'il s'agissait d'un ascenseur menant à un merveilleux bordel où des millions de filles sont en attente. Pendant que Windows s'ouvre sur le monde, je suis un peu inquiet. J'ai l'intention de commencer ma navigation en utilisant un logiciel de clavardage. J'aimerais bien entrer en communication avec une vraie fille, allumée et pas compliquée.

Ma connexion est maintenant ouverte et j'active un programme. Je m'inscris sur trois canaux différents :

Sexe, Montréal et Paris. Je réside à Montréal, mais si une Parisienne m'invite à faire l'amour, je lui dirai que je suis prêt à sauter dans le premier avion.

Une fenêtre s'ouvre pour m'informer que je dois choisir un *nickname*. Je ne veux pas me tromper, car les filles ne doivent pas se sentir agressées par un nom qui pourrait laisser croire que je suis un autre stupide mâle en chaleur. Je consulte la liste des membres et je lis les noms de gars : *sodoman, pussylover, assfucker, masturbateur, phonesex, homme55,* etc. Avec une liste de crétins pareils, je me dis que j'ai une chance ! Je choisis un nom *cool*: *bongars25*. Ça me représente très bien. Je suis jeune, de bonne humeur, sportif et d'agréable compagnie. Un vrai rayon de soleil à découvrir.

Mon nom est maintenant actif sur les trois canaux. Je consulte les messages des internautes. Sur le canal Montréal, on échange des banalités écrites dans un français horrible. En essayant de comprendre les phrases, je suis pris d'un terrible mal de cheveux.

J'envoie tout de même quelques messages à des filles et je reçois des réponses, mais je réalise rapidement que les filles branchées cherchent le grand amour, une relation à long terme, un gars prêt à s'investir et à s'engager. Je résiste à l'idée de mentir, mais je ne sais trop comment amener la communication vers des sujets plus excitants. J'ai d'abord un problème de tension dans la prostate à régler. Je n'ai donc rien à cirer de l'avenir. En relisant attentivement les exigences des filles, je suis hérissé au plus haut point. Elles veulent un gars honnête, autonome financièrement, beau, grand et enjoué. Enjoué !? Mais ce n'est pas une qualité d'homme, ça, c'est une qualité de caniche !

Sur le canal Paris, on pourrait s'attendre à des messages mieux formulés, mais ce n'est guère mieux. On a l'impression que des enfants jouent à être adultes en se faisant croire qu'ils ont du plaisir, alors qu'ils s'ennuient à mourir.

Je consulte finalement le canal Sexe. Là, c'est carrément *hard*, mais le français est toujours en souffrance :

> *pussylover* – Ya tu dé fem qui veul baisé now ?
> *phonesex* – Cherch femm cochonne pour un phone sex, je pay lé frai.

Je suis sur le réseau depuis plus de dix minutes et malgré mon *nickname* rassurant, je n'ai reçu aucun message sur le canal Sexe. Je consulte les noms de filles : *lesbie18, Natacha, biejosée, femme44, diane, Julie, déesse, cochonne32*, etc.

Je ne prends aucune chance et j'envoie un message à chaque fille. Le regard fixé sur mon écran, je dois me rendre à l'évidence : rien ne bouge de mon côté. Je vérifie ma connexion. Je suis bien connecté sur le grand réseau mondial. Quelques minutes plus tard, j'obtiens finalement une réponse de *Natacha* qui me demande bêtement : « Té qui et tu veux quoi ? » Je lui réponds que je suis un gars de bonne humeur et que j'aimerais parler avec une fille de bonne humeur et intéressante. Pas de réponse.

J'envoie une nouvelle série de messages en expliquant qui je suis, mes goûts, mon travail, mes loisirs, et en précisant que je désire entrer en communication avec une fille intelligente et en quête de plaisir. Il me semble que ce n'est pas excessif comme demande. Je reçois finalement une réponse d'une fille nommée *nympho69.*

> *nympho69* – Tu veux te masturber avec moi?
> *bongars25* – Tu te masturbes en ce moment?
> *nympho69* – Oui, je suis toute ouverte. Humm-mmmm. Je veux ta queue.
> *bongars25* – Wow. Tu demeures où?
> *nympho69* – Montréal. Toi?
> *bongars25* – Moi aussi! Tu veux qu'on se rencontre pour vrai?
> *nympho69* – Non. Je veux jouir tout de suite. Sors ta queue et baise-moi où tu veux.
> *bongars25* – Je peux te téléphoner?
> *nympho69* – Non, je ne suis pas seule dans la maison. Je suis dans ma chambre et j'ai un gode dans le vagin.
> *bongars25* – Je pourrais te rencontrer demain?
> *nympho69* – Fais-moi jouir et on verra après.
> *bongars25* – OK!

Je me dis que je viens peut-être de rencontrer une fille qui aime le sexe pour le sexe. Si elle désire jouir, c'est nécessairement une vraie bonne fille! Je m'efforce de composer ma plus belle prose érotique. Je la caresse partout où elle le désire. Elle me répond comme une vraie cochonne en parlant de ma queue. Elle la prend dans ses mains. Elle la lèche, la mange, la mord. Elle suce comme une déesse imaginaire. Je la pénètre et elle me dit qu'elle va avoir un orgasme si je continue à être aussi bon.

Je peine à me masturber d'une main et à taper des phrases de l'autre. Je mouille un peu le clavier qui devient glissant lorsque je dois écrire un passage plus élaboré avec mes deux mains.

Soudainement, *nympho69* me demande à plusieurs reprises de la sodomiser ! Elle m'implore ! Je n'en reviens pas. J'ai l'impression que ma vie va devenir une série de fantasmes réalisés. J'ai du mal à me retenir pour ne pas éjaculer. Elle me demande de lui écrire sans arrêt que je la sodomise en m'assurant que ça la fera jouir. Elle me promet qu'après avoir atteint l'orgasme, elle va s'occuper de moi pour que je vienne moi aussi. Je lâche mon sexe pour m'atteler à la tâche sur le clavier. Quelques secondes plus tard, *nympho69* m'indique qu'elle atteint l'orgasme en m'écrivant ces lignes :

*nympho69* – Oui encule moi au fond, oui.
Ouiiiiiiiiiiiiiiiiiiiiiiiiiiiiiiiiiiiiiiiiiiiiiiiiiiiiiiiiiiiiii iiiiiiiiiiii.
Ouiiiiiiiiiiiiiiiiiiiiiiiiiiiiiiiiiiiiiiiiiiiiiiiiiiiiiiiiiiiiii iiiiiiiiiiiiiiiiiiiiiiiiiiiiiiiiiiiiiiiiiiiiiiiiiiiiiiiiiiiiiiiii iiiiiiiiiiii.

Puis, plus rien. Silence. J'entends mon voisin qui rentre avec son chien. Ils montent l'escalier, la porte de l'étage supérieur s'ouvre et se referme. Je me sens un peu con, éclairé par la lumière de l'écran. J'ai l'impression que *nympho69* vient de m'échapper et que je ne la rencontrerai jamais. Je lui écris à plusieurs reprises :

*bongars25* – Tu es là ?
*bongars25* – Tu as aimé ça ?
*bongars25* – Ça va ?
*bongars25* – You hou !

Puis, elle répond enfin :

*nympho69* – Oui je suis là !
*bongars25* – J'aimerais te connaître.
*nympho69* – Moi aussi je veux te rencontrer…
Est-ce que tu voudrais voir ma photo avant ?

Quelle merveilleuse soirée ! Je lui réponds que je voudrais effectivement la voir, d'autant plus que sa courte description au début de notre conversation était plutôt *sexy*. Genre : blonde aux yeux bleus, 5 pieds 3 pouces, 105 livres, seins fermes et beau p'tit cul. Tout ce qui est essentiel au plaisir, quoi.

Une fenêtre s'ouvre à l'écran. Je dois accepter l'envoi pour recevoir la photo. J'accepte avec empressement. Une barre de défilement apparaît. La photo est téléchargée en quelques secondes. Je me rends dans le répertoire désigné et je localise le fichier *nympho69*. Je double-clique et j'ai la surprise de ma vie ! Je réalise avec horreur que je viens d'enculer un gars d'environ 17 ans qui a l'air d'un débile profond. Sur la photo, une face d'ado boutonneux me sourit niaisement à travers une moustache de duvet. Je débande sur le champ et mon rêve s'autodétruit dans ma tête comme si je venais de fracasser une coupe de champagne dans une cuvette de toilette. Je ne peux pas croire que je viens de sodomiser ça ! Dégoûté par cette imposture, je reviens au clavardage avec l'envie de casser la gueule de mon agresseur virtuel.

*bongars25* – T'es un gars ! ?
*nympho69* – Oui. Je m'appelle Jules et j'aimerais bien te rencontrer.

Merde, en plus d'être un imposteur, il est accro-
ché! Je lui réponds que je ne suis pas intéressé, en lui
reprochant de m'avoir caché son identité. Je décide de
rompre le lien électronique en supprimant cette fausse
*nympho69*.

Je me retrouve à la case départ dans le cyberespace.
Je consulte de nouveau la liste des noms de filles,
mais ma confiance est ébranlée. J'envoie une série de
messages comme autant de bouteilles à la mer. Je suis si
excité sexuellement que je me fais un peu plus pressant.
Je demande si une fille a le goût de se masturber avec
moi. Pas de réponse.

Je jette un coup d'œil sur le canal Paris et sur le canal
Montréal. On y échange encore des banalités. Ça parle
de tout et de rien. Ça jacasse pour passer le temps.

Sur le canal Sexe, *Natacha* se dit intéressée par mon
invitation. Je lui demande si elle est vraiment une fille,
en lui racontant que je viens de me faire arnaquer par
un Jules, mais elle ne me répond pas.

Une demi-heure plus tard, je suis encore en
train d'essayer de parler à une fille. Les couilles vont
m'exploser et il n'est pas question que j'éjacule tout
seul. Je veux être en contact avec une vraie fille, même
si c'est sur Internet! *Natacha* me revient finalement
avec un message.

*Natacha* – Désolée, je suis très occupée. J'ai des
centaines de messages.

Des centaines de messages! Elle reçoit des centaines
de messages et moi, rien. Pire encore, j'ai été arnaqué
par un imposteur qui n'a pas eu le courage d'aller sur un
canal gai. Je me risque à poser une question à *Natacha*.

*bongars25* – Des centaines de messages… qui parlent de quoi?

Dix minutes plus tard:

*Natacha* – De sexe! Les gars me baisent de partout. Je suis entourée de queues qui éjaculent des tonnes de sperme!
*bongars25* – Et toi, ça te fait jouir?

Une quinzaine de minutes plus tard:

*Natacha* – Non. Ça m'amuse. Mais je vais me coucher bientôt. Il est tard.

Des centaines de mâles sont en rut sur Internet pendant que *Natacha* s'amuse à jouer à la poupée. Je me sens soudainement déprimé. Je me dis que j'aurais dû essayer de sortir dans un bar. C'est alors que mon expérience frustrante avec mon Jules me donne une étrange idée. Je ferme le programme et je l'ouvre à nouveau, mais en changeant de *nickname*. Je me nomme maintenant *Claudia69*!

Dès que je me connecte au canal Sexe sous cette nouvelle identité, des dizaines de messages apparaissent à l'écran. Je suis envahi de propositions. Des hommes me proposent de l'argent. D'autres me promettent des bijoux. Au bout de quelques minutes, je pourrais même partir pour les plages de Cuba, toutes dépenses payées. Des dizaines de gars me disent qu'ils sont bandés. Je me fais fourrer sans mon consentement. Ça éjacule tellement dans mon ordinateur que je me demande si ça ne va pas endommager les circuits.

Le malheur sexuel des hommes est à son comble. Je suis triste à mourir. S'il y a autant de femmes que d'hommes sur la terre, il y a sûrement autant de femmes qui n'éprouvent pas le besoin de baiser qu'il y a d'hommes aux prises avec un désir frustré.

Plus seul que jamais dans le cyberespace, je m'ennuie terriblement de Marie.

# Le pénis infidèle

## Antoine, le pénis angoissé

Pendant un voyage d'affaires, je suis allé dans un petit bar où j'ai fait la connaissance d'une belle inconnue. Elle était beaucoup plus jeune que moi, mais elle ne m'a pas regardé comme un dinosaure. Lorsqu'elle m'a souri en passant près de moi avant de se rendre sur la piste de danse, j'ai eu l'impression de perdre dix ans d'un seul coup.

Jusque-là, j'étais assis au bar où je noyais ma tristesse amoureuse. Je me remémorais la courte époque où ma vie était une fête bandée, les premiers temps de ma relation avec celle qui est devenue la mère de mes enfants.

Et cette jolie jeune femme est passée près de moi. D'un simple regard, elle a fait disparaître ma détresse. Je me suis retrouvé soudainement en terrain sauvage. Pendant qu'elle dansait en me regardant parfois par-dessus son épaule, je me suis d'abord senti coupable. J'avais déjà vécu ces sensations avec ma compagne et c'était étrange qu'une autre femme soit l'objet de mon désir. Par solidarité avec les difficultés de notre engagement familial, je me suis demandé si je n'étais pas en train de tuer ce qui restait de notre relation amoureuse. Le dieu de la monogamie me regardait d'un œil sévère en me condamnant à l'avance pour tous les plaisirs illicites que j'allais éprouver. Les hommes infidèles m'ont toujours paru pathétiques. Méprisants vis-à-vis de leur femme et puérils avec leur maîtresse vivant dans l'attente d'un divorce pour pouvoir remplacer la vieille femme trompée.

En regardant cette fille danser, je m'ennuyais des débuts de ma vraie relation amoureuse. Puis, le désir a fait son œuvre. J'ai décidé de tuer le dieu accablé de la monogamie traditionnelle. Je me suis senti comme un animal qui avait simplement besoin de vivre. J'ai décidé que tout ce que j'allais vivre au cours de cette soirée ne serait pas une agression contre ma compagne. Ça allait simplement être pour moi. Une respiration. Un droit d'exister. Me redonner le droit d'avoir un sexe et d'avoir du plaisir avant de mourir.

Pendant que je réfléchissais, la jeune femme a rejoint un gars qui devait être son conjoint. Ils étaient tout près de moi. La fille était jolie comme un poème et le gars était une montagne de jeunes muscles sous une peau hâlée et soyeuse. Ils étaient jeunes et beaux. Pourtant, je me suis rendu compte assez rapidement que ce jeune couple semblait vivre la même misère que moi dans ma relation usée par le temps. Le gars semblait s'ennuyer d'une femme qui n'existait plus. La jolie fille avait pourtant un corps à faire bander les anges. Son regard brillant cachait une certaine tristesse. À un moment donné, en souriant d'une façon magnifique, elle a ouvert les bras en s'approchant amoureusement de son ami qui l'a reçue avec une froideur déconcertante. Il s'est doucement détourné pour présenter son épaule en refusant un baiser. Interdite devant cette forteresse imprenable, la jeune femme a saisi son verre en laissant couler quelques larmes sur ses joues. Loin d'émouvoir son ami, cette faiblesse l'a éloigné définitivement et il est allé faire le beau devant d'autres jeunes déesses inconnues.

Étrangement attiré par la tristesse de la fille laissée pour compte, je suis allé vers elle. Elle a rapidement retrouvé sa bonne humeur et nous nous sommes mutuellement consolés en nous racontant nos malheurs. Je n'ai rien caché de mon amour difficile et j'ai aussi parlé de l'importance de ma famille, malgré toute la détresse qu'elle me faisait vivre. Elle m'a raconté sa quête d'un amour profond et sincère et de la peur que ce désir faisait naître chez les jeunes hommes. Elle m'a parlé des enfants qu'elle souhaitait en me confiant qu'elle n'abandonnerait pas l'idée de rencontrer un homme comme moi un jour.

À ce moment, je me suis demandé si je ne devais pas sortir du bar en courant! En plus d'être profondément effrayé par le désir de cette fille, j'ai été terrorisé par celui que j'ai ressenti. Sur cette simple déclaration de ma valeur par une jeune femme en chaleur, j'étais prêt à recommencer ma vie comme un con! Cinq minutes plus tôt, je tentais de me démarquer de la stupidité des hommes infidèles et cinq minutes plus tard, j'étais prêt à plonger dans l'enfer d'une double vie.

Lorsqu'il y a conflit entre le cerveau et le pénis, il n'y a rien de moins certain que la victoire du cerveau!

Puisque je ne parlais plus, occupé que j'étais à réorganiser toute ma vie dans ma tête, ma jeune conquête a compris mon désarroi et a tenté de me rassurer. Elle m'a juré qu'elle ne tenterait jamais de briser mon couple ni ma famille. J'ai souri béatement en essayant de calmer la tempête qui était en train de tout détruire en moi. Je pouvais continuer à désirer sans sacrifier mon existence à une conception triste de la famille.

Après avoir abandonné l'idée de lier nos amarres définitivement, la soirée s'est poursuivie magnifiquement. Nous avons dansé en riant. Malgré la pluie, nous avons marché sans nous presser. Nous sommes arrivés à mon hôtel et nous sommes passés sous le regard froid et professionnel de la préposée qui en avait sûrement vu d'autres. Et dans les profondeurs d'une nuit faite pour oublier le malheur, et pour rêver d'un avenir meilleur, nous avons longuement fait l'amour.

Après avoir très peu dormi, le soleil s'est levé et je me suis senti comme un vampire surpris par la lumière de la vérité. Je me suis senti horriblement coupable! Ma vie entière semblait me regarder sévèrement. J'avais aussi l'impression d'avoir tué quelque chose. Mais une jeune femme magnifique dormait dans mon lit et j'ai décidé d'annuler tous mes rendez-vous de la journée. Quand on est malade, on ne travaille pas, alors quand on devient un peu fou, il n'y a aucune raison de se lever pour aller travailler.

J'imaginais que ma femme et mes enfants allaient entrer dans la chambre d'une minute à l'autre et que le monde entier allait savoir que j'étais devenu un salaud intégral. Je m'imaginais dans un poste de police ou devant les photographes d'un journal à sensation. Je suis allé prendre une douche pour essayer d'enlever un peu de la misère qui me collait à la peau.

Ma jeune conquête est venue me rejoindre sous la douche et le désir a refait son œuvre. Nous avons passé une délectable journée. Ma culpabilité s'est peu à peu estompée. Y a-t-il du mal à se faire du bien ? Il s'agissait seulement de rendre une nuit plus supportable dans l'histoire de deux vies qui se sont croisées.

À la fin de cette mémorable journée, nous nous sommes dit au revoir tendrement, et j'ai repris la route. J'étais à la fois fou de bonheur et mort d'anxiété. Il y avait des années que je ne m'étais pas senti amoureux. Cet amour s'adressait à toutes les femmes, y compris celle avec qui j'avais mis des enfants au monde. Je n'arrivais pas à déterminer si je me sentais coupable ou excité par un nouveau genre de vie adulte qui s'ouvrait à moi. Je me sentais vivant et reconnaissant.

Ça faisait si longtemps que je n'avais pas ressenti la profondeur de mon amour pour cette femme avec laquelle j'avais fondé une famille et que j'allais rejoindre. Mais je me sentais tout de même déchiré entre ces sentiments tendres et cet interdit que je venais de transgresser. Dans l'histoire de ma vie, j'allais désormais être un homme qui avait été infidèle. Par contre, il y avait bien longtemps que je n'avais pas été aussi fidèle à moi-même.

Lorsque je suis arrivé chez moi, j'ai fait l'amour à ma compagne comme si je venais de la rencontrer. J'avais retrouvé les ailes de ma liberté.

# Le pénis contre la notion de « père manquant, fils manqué »

## Claude, le pénis en colère

Est-il sage de critiquer publiquement son père avant d'avoir eu soi-même des enfants ? Ne faut-il pas d'abord avoir assumé soi-même les exigences de la paternité pour réaliser à quel point les défis qui y sont rattachés sont énormes ? Car les angoisses et les limites vécues par les pères peuvent facilement être interprétées comme des manquements inacceptables par les fils.

Le livre *Père manquant, fils manqué*[12] de Guy Corneau semble proposer une autocritique du masculin, mais en y regardant de plus près, nous verrons que cette critique s'adresse particulièrement aux pères des baby-boomers. Expliquant les malheurs relationnels des hommes par l'absence de figure paternelle significative (absence physique ou émotive), le psychanalyste jungien a innové en permettant aux hommes d'explorer la position de victime. Ce nouveau statut masculin a

---

12. Guy Corneau. *Père manquant, fils manqué*, Montréal, Éditions de l'Homme, 1989.

ouvert la porte à des épanchements émotifs qui étaient jusque-là plutôt réservés aux femmes. Cette ouverture émotive allait-elle être libératrice ou allait-elle conduire les hommes à se réfugier eux aussi dans une position de revendication?

Concernant les pères dits manquants, nous devons d'abord reconnaître que l'industrialisation a lourdement influencé le vécu de la paternité au cours du XX$^e$ siècle. Les hommes étaient souvent considérés comme des bêtes de somme par la société industrielle. Les chefs de famille, comme on les appelait, étaient d'abord les pourvoyeurs de la famille. Le statut psychologique de « chef » n'empêchait aucunement l'exploitation dont ils faisaient l'objet au travail.

Dans cette perspective, nos pères étaient-ils absents et incompétents au plan familial, ou plutôt dominés et écrasés par la machine industrielle? Si tous les fils en manque de père ont pu souffrir de cette condition, dès qu'intervient un minimum de connaissances sociologiques, nous pouvons comprendre le phénomène et éviter la spirale des reproches stériles contre nos pères. Si nos pères ont été inadéquats, ne faudrait-il pas adresser le blâme à leurs propres pères? Cette remontée générationnelle entraîne un conflit insoluble qui nous laisse dans la solitude. Les profils de nos pères sont les résultats d'une culture où les hommes parlaient peu et travaillaient beaucoup. Lorsqu'ils revenaient à la maison, ils étaient épuisés, comme les mères qui assumaient la responsabilité de nombreux enfants. S'il est dans l'ordre des choses que les adolescents fondent leur identité en s'opposant à leurs pères, il est plus difficile de comprendre qu'un thérapeute ait transposé ce combat intime sur la place publique.

Avant l'avènement de la société industrielle, nos ancêtres exploitaient la terre, léguée de père en fils. À cette époque, la serre chaude de la relation familiale était-elle plus propice à l'authenticité relationnelle? Si cette promiscuité permettait la transmission d'habiletés masculines, comme manier les outils ou s'occuper des animaux, plus nous reculons dans le temps, plus nous voyons apparaître l'emprise de la religion sur les comportements humains. Il est clair que les pénis des pères et des fils n'étaient pas plus heureux «dans le bon vieux temps». Bien au contraire, les multiples interdits religieux touchant la sexualité et les exigences d'un travail éreintant sept jours sur sept, du lever au coucher du soleil, constituaient les ferments d'une vie quotidienne bien éloignée du droit individuel au plaisir. Pouvons-nous finalement reprocher à nos pères de ne pas avoir eu la chance de naître à notre époque?

Le droit au plaisir et la possibilité de réaliser des rêves sont des constructions narcissiques récentes. Il a d'abord fallu que les idéologies politiques et religieuses autoritaires relâchent leur emprise sur la société pour que les individus puissent influencer volontairement leur destinée. En contrepartie, les rêves de chacun et les désirs de liberté entraînent nécessairement un niveau plus élevé d'angoisse. À ce chapitre, nos pères n'y sont pour rien. Face aux incertitudes de l'existence, il s'agit un jour d'assumer nos responsabilités à notre tour. C'est cette prise en charge qui entraîne un processus de libération. Les hommes qui ont contribué à libérer des peuples ont rarement eu des parents exemplaires et naissent toujours à des époques troubles.

Au plan individuel, c'est une chose importante que de connaître son histoire familiale pour comprendre les influences qui se sont exercées sur nous au cours de notre éducation. Par contre, lorsqu'on utilise toujours le passé pour comprendre le présent, il y a un risque de glisser vers des formules douteuses sur le plan psychologique. À ce titre, la méfiance de Guy Corneau pour ce qu'il appelle « les jeux de la séduction » est plus que suspecte. Sur le site Internet psychologie.com, Guy Corneau reçoit la question suivante d'un jeune homme nommé Simon :

> « Est-il spécifiquement masculin de croire qu'on va trouver mieux ailleurs ? Je vis une très belle histoire, ce qui est plutôt rare, avec une femme complice dans tous les domaines. Je l'aime réellement, mais je m'acharne à casser cette relation (tout en ayant peur de la perdre) en me protégeant derrière une vieille histoire qui ne me rend pas heureux. Ma question est la suivante : est-il spécifiquement masculin de croire qu'on va trouver mieux ailleurs ? Est-ce de la lâcheté face à un amour trop engageant ? Est-ce une forme de peur, est-ce dû à l'époque ou cela m'est-il propre ? Cela fait, en réalité, plusieurs questions ! J'espère votre réponse. »

Dans sa réponse, Guy Corneau interprète le malheur de Simon en écrivant, entre autres :

> « [...] Le petit garçon qui a manqué de père et qui n'a pas eu l'aide de celui-ci pour se séparer de l'emprise de sa mère demeure incertain par rapport à sa masculinité et tente de garder les femmes à distance pour ne pas subir à nouveau

une telle emprise. Nous pouvons prédire qu'il aura peur de s'engager, pensant toujours que ce serait mieux ailleurs. La petite fille, pour sa part, voulant elle aussi échapper à l'emprise maternelle et cherchant un regard paternel qui la différencierait, regard qu'elle ne trouve pas, se met à chercher ce regard chez d'autres hommes sur le terrain amoureux. »

Cette réponse à Simon est une formule que Guy Corneau ne cesse de plaquer à toutes les situations qui lui sont présentées. En fait, cette interprétation standardisée s'apparente plus à l'astrologie qu'à la psychologie, car elle n'interpelle pas une connaissance interne du conflit classique entre l'engagement et le désir. La psychanalyse devrait pourtant être l'art d'écouter pour permettre au patient d'élaborer ses propres repères et prendre en charge sa vie psychique.

Allons-nous avoir le courage de nous avouer que l'engagement amoureux ne fait pas disparaître le désir pour d'autres personnes ? Et si c'était justement l'engagement amoureux qui rendait le désir de plus en plus impossible par définition ? Si c'était justement la famille qui entraînait un niveau d'exigences quasi incompatible avec le besoin humain de séduire ? Si c'était presque impossible de transformer des amants en parents ? Et si nos pères n'y étaient pour rien dans les malheurs de nos pénis ?

Partons de l'expérience concrète d'un homme et d'une femme qui se désirent. Au début, ils sont animés par la passion. Ils ont du plaisir à se séduire. Avant, ils avaient peut-être quelques partenaires sexuels, puis ils deviennent plutôt monogames. Ils décident un jour d'emménager ensemble, et les amants doivent déjà devenir des partenaires économiques. Doivent-ils tenir des comptabilités séparées ? Qui paye pour la voiture ? Est-ce en fonction de l'utilisation ? Lequel des deux est le plus rentable professionnellement ? Une étudiante en médecine vétérinaire vaut-elle potentiellement plus qu'un planificateur financier ? Lorsque le salaire de madame sera plus élevé que celui de monsieur, devra-t-elle compenser pour les quelques années où monsieur a fourni plus qu'elle ? Oh, madame est enceinte ! Bravo pour l'avenir de l'espèce humaine, mais la principale intéressée doit momentanément interrompre ses études. Pourra-t-elle les reprendre un jour ? Espérons que le bébé sera en santé. Au début de la grossesse, ça va plutôt bien sexuellement. Les amoureux sont transportés par leur amour et ils font des projets d'avenir. Vers le quatrième mois de grossesse, madame a un saignement important. C'est l'angoisse totale. « Léger décollement placentaire », dit le médecin. Madame doit garder le lit et s'abstenir de relations sexuelles. Monsieur aussi, ça va de soi ! Il travaille donc pour gagner un peu plus de fric, car il est souhaitable d'avoir une maison quand on a des enfants. Ils ont parlé de deux ou trois, mais pour le moment ils espèrent seulement que le premier sera vivant. La condition de madame s'aggrave. La sexualité est inexistante depuis trois mois. Monsieur est attentif aux besoins de sa compagne. Il lui fait des massages. Sa compagne a mal au cœur. Lui aussi ! Puis, l'enfant naît finalement. Madame est libérée. Monsieur offre des cigares à ses copains, puis il passe des nuits blanches avant de retourner travailler comme un zombi. Bientôt six mois sans avoir baisé. C'est fort, l'amour, car les nouveaux parents sont complices. Quelques semaines plus tard, entre deux tétées où les seins de madame sont réquisitionnés par le bébé, la sexualité reprend. Que c'est tendre, une mère, mais c'est déjà très différent de la jeune femme qui savait être entreprenante et délicieusement *sexy* seulement quelques mois auparavant. La folie amoureuse reprend lentement, mais il est déjà temps de penser au deuxième enfant, sinon le retour aux études de madame serait en définitive compromis. La science des animaux, ça évolue tellement rapidement. Et c'est reparti pour un autre tour du merveilleux manège des exigences familiales.

Les couples doivent appendre à partager des responsabilités économiques, des responsabilités éducatives, des responsabilités ménagères et finalement des responsabilités scolaires, tout en réussissant à demeurer des amants. Toutes les conditions de l'échec sont réunies et, effectivement, les couples résistent rarement à ce régime impossible. Nous n'avons absolument pas besoin des défauts de nos pères pour expliquer nos difficultés et nos échecs amoureux. Au nombre de personnes qui échouent, il ne s'agit pas de se demander si nos parents ont été adéquats. Il s'agit plutôt de comprendre les règles qui gouvernent les couples et les obligent à vivre en cellule fermée et isolée. Dans un corps humain, une telle cellule n'aurait aucune chance de survie.

L'échec fait partie de l'expérience humaine, et il ne servira à rien de réactiver éternellement les blessures narcissiques de notre enfance. Ces lourds reproches à nos parents tiendraient-ils toujours si nous acceptions de concevoir la relation amoureuse d'une façon un peu plus ludique? Comme disait un humoriste français : « Le couple, c'est régler à deux des problèmes qu'on n'aurait jamais en demeurant seul ! »

De nombreuses thérapies fondent leur valeur sur la répétition des échecs amoureux. Le moins que l'on puisse dire, c'est que ces thérapies ne risquent pas de manquer de clients. Mais pourquoi faut-il inviter ces derniers à se noyer dans les méandres des imperfections parentales ? Le principal problème de la thèse du père manquant et du fils manqué est qu'elle invite les hommes à une pensée molle et infantilisante. De plus, le fait d'identifier une carence du passé ne permet aucunement de s'en libérer. Le travail demeure à faire. Mais en valorisant indirectement un scénario d'échec structuré en boucle, la pensée ne sert plus à libérer, mais à se complaire dans un malheur à soigner éternellement. Un pas de plus, et c'est la vie elle-même qui est déclarée inadéquate. En voulons-nous inconsciemment à nos parents parce qu'en nous donnant la vie, ils nous ont aussi donné la mort ? Si oui, il serait temps d'en prendre conscience pour éviter de leur reprocher le fait même de notre existence.

Il est d'ailleurs remarquable que Guy Corneau ait révélé un événement troublant, qu'il présente dans un autre livre, intitulé *La guérison du cœur*[13]. Ayant choisi l'approche du jeûne intégral pour tenter de guérir une colite ulcéreuse chronique, Guy Corneau maigrit dangereusement, mais il ne perçoit plus le danger de la mort. En état méditatif, il flotte dans un bonheur spirituel qui lui inspirera sa notion de guérison du cœur. Il décrit lui-même cet état en ces termes :

---

13. Guy Corneau. *La guérison du cœur*, Montréal, Éditions de l'Homme, 2000.

«J'ai maigri de 15 kilos, j'avais 20 hémorragies par jour. Je suis alors entré dans un état de vulnérabilité, de fragilité extrême. Et en même temps d'ouverture incroyable. J'étais submergé par la douleur et alors, le jeûne et la fragilité aidant, je suis entré dans un état qui dépassait la souffrance, une sorte de fusion avec ce qui m'entourait. Mon individualité était dissoute. Je suis entré dans une sorte de présent éternel, une évidence des choses, découvrant la réponse à toutes les questions que je me posais auparavant. La souffrance participait à l'aventure de la création. Cela ressemblait – j'ose prononcer le mot – à une extase. C'était le simple plaisir d'exister. Cet état de grâce a duré plusieurs semaines. Puis j'ai guéri, j'ai recouvré mes forces et cette extraordinaire sensation s'est dissipée. La mémoire de cet état est restée gravée en moi. Il m'arrive de retrouver cette sensation mais, plus profondément, toute ma vie en a été transformée.»

Plus tard, il révélera qu'il ne réalisait pas qu'il était en train de se laisser mourir et que c'est son père qui lui a sauvé la vie. Lors d'une visite à son fils, Alcide Corneau se rend compte de son état et il tente de lui faire comprendre qu'il doit cesser son jeûne. Guy Corneau refuse, car il dit vivre une expérience merveilleuse. Puis, le plus célèbre père manquant décide que c'est assez. Il dit à son fils que, s'il a déjà été absent, il est maintenant présent! Puis il l'oblige à le suivre et à mettre fin à son jeûne. Cet épisode a empêché Guy Corneau de faire l'objet d'un article dans un journal sous le titre probable de: «Guy Corneau décède d'un jeûne volontaire prolongé» ou «Pensant guérir, Guy Corneau s'est suicidé en jeûnant».

Puisque le conflit père-fils de Guy Corneau a été présenté publiquement, il est essentiel de savoir que ce père manquant a déjà sauvé son fils manqué des affres de l'angélisme ésotérique. Ce n'est pas rien. Et c'est tout à son honneur que Guy Corneau ait lui-même révélé cet événement.

Pour ce qui est de ce cher Alcide, son point de vue n'a jamais été entendu publiquement, mais il a manifestement entendu celui de son fils. Quant à ses limites personnelles de père, elles auraient dû demeurer dans l'intimité de son histoire familiale. Par contre, toutes les personnes qui ont cru ce père incompétent doivent savoir que, sans lui, son fils aurait encore démontré que le spiritualisme est en rupture avec l'expérience humaine.

Pourtant, Guy Corneau proclame encore ouvertement la valeur de son expérience mystique de presque cadavre. Au cours des dernières années, il a valorisé de plus en plus la quête de forces spirituelles transcendantes. Il a droit à ses croyances, mais en les proposant dans la sphère publique, il réédite la même erreur que toutes les sectes et religions. Il ne nous reste plus qu'à adopter une attitude d'ouverture affirmative devant ses constructions séduisantes. Être contre une explication de Guy Corneau, c'est résister à soi-même.

Le dénominateur commun des propositions spirituelles est qu'elles introduisent l'hypothèse du supérieur en considérant implicitement la vie comme un phénomène inférieur. Le véritable père manquant est-il finalement ce Dieu de la Genèse qui a chassé le premier couple mythique du jardin des plaisirs? Ce père spirituel ne parle pas beaucoup lui non plus. Nous aurait-il abandonnés à notre sort, lui aussi?

Les conceptions religieuses de l'existence n'ont finalement jamais disparu. Malgré la désaffection religieuse des années 1960 dans les sociétés occidentales, la religion effectue quand même un retour en force dans la sphère publique. Même en politique internationale, la prétention à la vérité divine affronte actuellement d'autres certitudes religieuses inspirées du Moyen Âge.

Il faut sans doute reconnaître que plusieurs propositions religieuses se construisent sur un fond de bonnes intentions. Qui peut douter de la bonne foi de Guy Corneau, qui s'apparente sans doute à celle du Dalaï-lama, tellement à la mode à travers le monde et dans le jet-set? Mais le problème ne concerne pas les intentions ou la valeur des personnes qui se présentent comme des guides spirituels. Puisque nous ne savons pas d'où nous venons, que nous essayons de découvrir pourquoi nous sommes là et que nous ne savons pas ce qui adviendra de notre petite personne après la mort, la pensée religieuse vise à calmer certaines angoisses. Les croyances religieuses offrent quelques espoirs qui flottent comme des bouées sur l'océan de nos doutes. Mais en calmant nos angoisses, nos passions risquent aussi de refroidir.

Le problème de la pensée religieuse, quelle qu'elle soit, c'est que l'adepte qui y accède considère nécessairement avoir trouvé mieux que la vie. Lorsque l'existence humaine est dévalorisée au profit d'un au-delà hypothétique, l'animal humain risque de se refermer sur lui-même dans la peur de l'autre.

Dans ces eaux-là, nous sommes bien loin du droit au désir des hommes et des femmes. Devenir adulte, c'est prendre le parti de l'existence telle qu'elle est, en essayant de faire mieux que nos parents.

La vie de l'animal humain est sans doute impar-faite, mais pour y prendre plaisir, la nature n'a rien fait de mieux que nos corps.

# Le pénis trompé

## Luc, le pénis ludique

Marie a eu une aventure avec un autre homme!

Le mois dernier, Marie est revenue d'un congrès, follement de bonne humeur. Après que nous ayons fait l'amour avec fougue, elle a décidé de me dire qu'elle avait couché avec un autre homme. Sur le coup, je me suis senti totalement dévasté. Mon territoire mâle était envahi. J'étais comme un orignal sur le point de perdre un combat et j'aurais voulu tuer le mâle qui avait osé toucher à ma femelle. Puis, Marie m'a dit qu'elle ne comptait pas revoir cet homme, que cette aventure n'avait aucune importance et qu'elle m'aimait.

Je ne pouvais pas croire que j'avais fait l'amour avec ma compagne alors qu'elle avait reçu le sexe d'un autre homme dans son vagin. J'ai finalement éprouvé du dégoût, et une grande colère s'est levée.

Comme un imbécile, je me suis mis à poser toutes sortes de questions à Marie. Je cherchais à l'humilier, mais j'ai surtout réussi à m'humilier moi-même! Je voulais savoir ce qu'elle avait fait. Dans quelle position elle avait baisé. Avec qui et s'il lui avait fait mal. Grâce à ce merveilleux interrogatoire, j'ai réussi à apprendre qu'elle avait eu trois orgasmes!

Comme un idiot, j'ai continué à poser des questions pour voir jusqu'où je pouvais descendre dans l'enfer de la jalousie. Pourtant, quelques secondes avant d'apprendre que Marie m'avait été infidèle, j'étais encore fou d'amour pour elle. Une simple révélation, et une tempête de terreur s'est déchaînée. Je voyais mon amour se transformer en haine et je devais lutter avec l'idée de quitter Marie pour toujours. J'imaginais que je faisais exploser au bazooka le salaud qui avait baisé ma femelle! Je ne savais plus qui je devais tuer. Elle ou lui, ou les deux.

Après avoir posé toutes les questions humiliantes qui me venaient à l'esprit, Marie m'a demandé ce qui serait arrivé si je ne l'avais jamais su. Ce qu'on ne sait pas ne nous fait pas mal! Tout le monde sait ça. Mais je n'avais plus droit à cette innocence. J'allais être un homme trompé pour le reste de mes jours.

Marie m'a alors dit qu'elle m'avait avoué son aventure parce qu'elle m'aimait. Et elle s'est mise à jouer un drôle de jeu avec moi. Elle m'a dit: «En fait, je n'ai pas eu d'aventure avec un autre homme. Après une soirée bien arrosée, nous nous sommes embrassés et j'ai refusé d'aller plus loin. J'ai presque accepté. J'ai été tentée, mais j'ai résisté.»

J'étais fou de bonheur! Le fait qu'elle ait embrassé un autre gars m'écœurait, mais après les multiples humiliations que je venais de vivre, je pouvais supporter ce niveau de malheur. Marie s'est approchée de moi pour me prendre dans ses bras. Je tremblais comme une feuille et je me suis mis à douter de son petit jeu. Elle me caressait, mais je n'arrivais pas à avoir une érection. J'imaginais qu'elle avait vraiment couché avec un autre homme et il m'était impossible de penser que j'allais encore lécher ou pénétrer son sexe infidèle.

Les yeux de Marie brillaient comme des diamants. Malgré mon absence d'érection, elle m'a touché en m'embrassant tendrement. En léchant mon sexe mou et mort de peur, elle m'a dit qu'elle n'avait pas couché avec un autre homme, mais avec une autre femme! Puis elle a ajouté qu'elle aimerait bien que je les baise toutes les deux prochainement!

En un éclair, je n'ai jamais été aussi bandé de ma vie! Passant de la détresse absolue à l'enchantement total, j'avais la queue la plus dure, la plus grosse, la plus longue et la plus heureuse de la terre! J'allais passer le reste de ma vie dans la félicité mythique des sultans. Un harem était à ma portée. Ma compagne venait d'ouvrir les portes du ciel de la polygamie. Quelle femme exceptionnelle!

Quelques secondes plus tôt, je rêvais pourtant de l'assassiner. Dans les mains d'un autre homme que moi, elle serait peut-être déjà morte. Mais voilà que j'étais le roi des animaux et que je baisais cette femme magnifique qui allait me donner droit à une vie à la mesure de mes désirs.

Quelques jours plus tard, Marie a invité à la maison une fille absolument charmante nommée Sandrine. Nous avons bu du vin en discutant agréablement. Plus tard dans la soirée, Sandrine et Marie ont commencé à s'embrasser devant moi. J'étais l'homme le plus privilégié du monde. Nous avons fait l'amour à trois et c'était très bon. Mais j'ai quand même été étonné de me rendre compte que c'était beaucoup plus intense lorsque j'étais avec Marie qu'avec la jolie Sandrine. Si l'habitude tue le plaisir, la nouveauté n'est pas nécessairement synonyme de bonheur érotique.

J'ai alors réalisé que mon plaisir était grandement lié à ma connaissance du corps de Marie. Le plaisir d'éjaculer est une chose fondamentale pour un homme, mais ce plaisir peut aussi être superficiel.

J'ai réalisé que j'avais appris avec Marie à m'abandonner à un climat amoureux qui dépasse le plaisir des corps qui se touchent. La présence d'une autre femme me faisait étrangement réaliser à quel point j'aime Marie et que la force du plaisir que j'éprouve avec elle peut difficilement être atteinte lors d'une aventure, dont je rêvais pourtant.

Je ne regrette pas d'avoir fait l'amour à deux femmes, même si parfois je ne savais plus trop où donner de la tête. J'ai aimé la présence du corps inconnu de Sandrine. En embrassant cette femme nouvelle, j'ai redécouvert les lèvres de Marie qui m'étaient devenues trop familières. L'odeur de ses cheveux m'a permis de percevoir à nouveau l'odeur singulière de la femme que j'aime profondément, mais que j'avais un peu oubliée. La jouissance d'un nouveau corps a renouvelé notre fête érotique. Mais je n'étais pas au bout de mes surprises.

Au cours de cette soirée mémorable, alors que je me reposais comme un guerrier, Marie s'est approchée de moi pour me parler doucement. Ses yeux brillaient dangereusement. Une certaine peur s'est emparée de moi. C'est alors qu'elle m'a appris qu'elle avait vraiment fait l'amour avec un autre homme lors de son congrès! Ça devrait être interdit, les maudits congrès!

Alors que j'allais m'effondrer de nouveau dans la morosité de l'âme trompée, Sandrine s'est approchée de moi pour me parler elle aussi. Elle m'a appris que l'homme qui avait fait l'amour avec Marie était son conjoint. Elle m'a confié qu'elle avait pensé mourir lorsqu'elle avait appris que son conjoint avait eu une aventure, mais qu'elle avait décidé de s'attaquer au problème de la fidélité plutôt que de le subir. Elle a alors demandé à rencontrer sa rivale. À la suite de sa rencontre avec Marie, elles étaient devenues des amies, et elle avait souhaité mettre fin à sa vie monogame en vivant une aventure avec elle. Puis, en connaissant mieux Marie, Sandrine avait eu envie de me connaître aussi. Elle a alors déclaré qu'elle m'appréciait et qu'elle aimerait bien me revoir.

Étourdi par le tourbillon polyamoureux qui m'assaillait, je devais bien m'avouer vaincu. Je me suis mis à pleurer doucement. Je me sentais trop vivant et un peu dépassé par les événements. Qu'importe que ma compagne ait fait l'amour avec un autre homme, avec une autre femme ou avec les deux à la fois. J'étais là, vivant, dans un lit qui sentait le sexe de deux femmes exceptionnelles. Je venais d'être pris au piège de mes fantasmes de mâle polygame. Comment pouvais-je espérer un plaisir sans accorder le même droit à ma compagne?

La vie est si courte. Comme disait Jacques Brel: « Il faut bien que le corps exulte! »

# Le pénis « omnigame »

## Victor, le pénis visionnaire

L'anthropologue américaine Helen Fisher nous dit que la relation monogame est le résultat d'une collaboration unique entre les hommes et les femmes de la préhistoire. Cette collaboration serait même à la source du développement de l'intelligence et de la culture humaines. Il est cependant souhaitable d'accepter l'évidence que le modèle monogame rend maintenant à peu près tout le monde malheureux. L'idéal de ce modèle est tellement loin de la réalité que les couples résistent rarement à l'épreuve du temps.

Le célèbre rapport Hite confirme ce malaise en constatant qu'aux États-Unis, 70 % des femmes mariées depuis plus de cinq ans déclarent avoir été infidèles au moins une fois. Pour ce qui est des hommes, nous sommes 72 % à l'avoir été. Il faudrait peut-être déterminer si l'infidélité est une faute ou un mode de vie. La raison primordiale de l'infidélité est plutôt simple : après quelques années de vie à deux, les couples s'ennuient ou s'engueulent plus souvent qu'ils ne s'embrassent.

En fait, notre modèle de relation idéale est monogame, alors que nos pulsions sexuelles sont fondamentalement polygames. D'ailleurs, lorsqu'un conjoint avoue son désir d'avoir une relation sexuelle avec une autre personne, sans pour autant menacer la relation initiale, cette déclaration provoque habituellement une explosion de la libido à l'intérieur du couple. Par contre, lorsque les partenaires considèrent le désir d'une relation extraconjugale comme un symbole d'échec de leur relation, le désir au sein du couple s'estompe souvent et les conjoints s'enferment dans l'insatisfaction des désirs refoulés. Malgré l'attachement profond des partenaires, la vie monogame revêt souvent un caractère déprimant où la vie du couple devient une suite d'irritations.

Pour expliquer nos malheurs, c'est habituellement l'autre qui est considéré comme le principal responsable. Les hommes et les femmes assument rarement leurs inhibitions, car leur frustration se double alors d'une dynamique masochiste. Un mécanisme de projection permet d'éviter de se considérer comme l'artisan de notre propre malheur. C'est l'autre qui nous interdit le plaisir! Lorsque cet interdit fonctionne, les membres du couple s'installent en état d'inhibition, s'interdisant mutuellement une vie sexuelle extraconjugale. Notre discours intérieur ressemble alors à ceci: «Si je m'autorise un plaisir érotique illicite, je serai dans l'obligation de l'autoriser à l'autre. Pour m'éviter cette perspective, mieux vaut m'abstenir et me soumettre à l'interdit.»

La notion d'infidélité place les hommes et les femmes en état de double contrainte. Se soumettre à la contrainte d'exclusivité sexuelle entraîne un appauvrissement du désir. Être sexuellement infidèle est une transgression qui entraîne la mort de la relation amoureuse. Lorsque nous ne sommes pas libres de nos désirs, nous ne pouvons même pas choisir de ne pas avoir de relation sexuelle avec une personne qui a éveillé notre désir. Lorsque nous résistons à la tentation par obéissance, nous n'exerçons pas un choix d'adulte libre.

Actuellement, les couples monogames sont tellement condamnés à l'infidélité que certains anthropologues américains ont déjà proposé la définition de *serial monogamy* (monogamie en série) pour nommer correctement le modèle relationnel contemporain. La notion de «monogamie en série» représente mieux le comportement réel des animaux humains modernes qui ont des relations sexuelles avec plusieurs partenaires à différents moments de leur vie. Il n'y a qu'un délai variable entre les différents partenaires, même si ce délai peut se réduire parfois à quelques heures! Pourtant, même si la sanction religieuse n'intervient plus directement (ce que Dieu a uni, que l'homme ne le sépare pas), les couples considèrent encore l'exclusivité sexuelle comme une règle absolue qui s'applique automatiquement lorsqu'un couple est formé. La conséquence en est le mensonge et les tromperies qui enrichissent les avocats du droit matrimonial.

Pour se substituer à la monogamie traditionnelle, est-ce que la polygamie traditionnelle pourrait être le modèle des hommes et des femmes du XXI<sup>e</sup> siècle? Pour dire vrai, du point de vue masculin, le modèle polygame éveille des fantasmes qui nous intéressent vivement. Mais nous devons reconnaître que la polygamie est fondamentalement basée sur une injustice. La polygamie est un droit qui n'appartient qu'aux hommes. Et il faut bien reconnaître qu'au cours de l'histoire de l'humanité, les communautés qui se sont développées sur un modèle polyandre (une femme et plusieurs hommes) peuvent sans doute se compter sur les doigts d'une seule main.

Puisque la monogamie ne nous rend pas heureux et que le modèle polygame est étranger à notre culture amoureuse fondée sur l'égalité, comment allons-nous sortir de cette impasse ? Pour y parvenir, nous devrons définir un nouveau cadre relationnel permettant à la fois l'engagement et la liberté des êtres amoureux. Il s'agit surtout de redonner à l'individu la responsabilité de choisir en arrêtant de s'en remettre à des valeurs traditionnelles extérieures.

Dans son film posthume *Eyes Wide Shut* (*Les yeux grands fermés*), le cinéaste Stanley Kubrick met en scène un homme et une femme qui ouvrent la porte à leurs fantasmes polygames respectifs. Comme on peut s'y attendre, ces révélations viennent d'abord créer un certain chaos dans la relation amoureuse. Le monde des pulsions fait souvent naître quelques angoisses, dont la perspective d'abandon n'est pas la moindre. Par contre, plutôt que de proposer un refoulement au nom d'une moralité castratrice, Kubrick fait évoluer ses personnages vers une intégration des fantasmes polygames dans la relation de couple. La perspective du plaisir extraconjugal peut être un catalyseur de la force de la relation et de l'attachement érotique.

En essayant de lier la valeur de la relation monogame et la force du désir polygame, est-ce que le terme « omnigame » nous permettrait de rassembler les conditions qui respectent notre complexité d'être humain ? Une relation « omnigame » (omni veut dire tout) impliquerait que les êtres humains ont droit à tout, comme une alimentation omnivore indique que nous mangeons de tout.

Dans une relation omnigame, il n'y a pas de règles prédéfinies. Puisque la responsabilité de notre santé mentale ne peut pas être confiée à une autre personne que soi, il s'agit d'abord de reconnaître le droit des hommes et des femmes à l'autonomie sexuelle. Nous pouvons aimer l'autre, mais cet amour n'implique pas un lien d'appartenance qui relève habituellement du statut des objets.

Pour reconnaître la valeur de nos pulsions tout en rendant possible la satisfaction du désir d'attachement, la relation amoureuse omnigame est fondée sur la liberté. Nous sommes ici au cœur de la relation du couple particulier formé par Simone de Beauvoir et Jean-Paul Sartre. Il ne nous viendrait pas à l'idée de douter de leur solidarité humaine ni de leur profonde amitié parce qu'ils ont ressenti le besoin de vivre des aventures avec d'autres personnes.

Certains couples omnigames décideront de s'autoriser des relations sexuelles passagères qui ne viendront pas menacer leur relation significative, mais qui seront vécues comme un droit de vivre, essentiel à l'engagement. D'autres décideront, à différents moments de leur vie, de ne pas être disponibles pour des relations sexuelles en périphérie du couple, mais cette réserve ne sera pas le résultat d'une soumission à une règle autoritaire. Il s'agira d'un choix personnel réfléchi, intégré et vidé de son hostilité contre le partenaire amoureux.

L'« omnigamie » ne relève pas d'un nouveau modèle rigide à adopter. Il permet surtout de reconnaître la réalité biologique des êtres amoureux qui ne cessent pas de désirer d'autres personnes dès lors qu'ils forment un couple, quoi qu'on en pense. Et ce n'est pas parce que nous ressentons du désir pour une autre personne que notre conjoint que ce désir exprime de l'hostilité envers notre partenaire. L'être omnigame est responsable de son propre plaisir de vivre et il assume cette responsabilité d'une façon personnelle. Lorsqu'il entre en relation amoureuse, il s'engage entièrement, mais il ne confie pas l'entière responsabilité de son bonheur à l'être aimé. L'omnigamie valorise l'exploration de tous les plaisirs, sexuels et autres, sans charger ces expériences d'un potentiel d'agression contre la relation du couple initial. Le plaisir ne doit pas être une expérience vécue contre l'autre.

Au cours des dernières années, nous avons même vu émerger de nouveaux types de couples, ouverts à de nouvelles expériences sexuelles. Le psychiatre italien Willy Pasini, dans son ouvrage *Les nouveaux comportements sexuels*[14], explore les enjeux d'expériences comme l'échangisme ou le triolisme. Même si ces expériences peuvent faire naître de nombreuses difficultés, dont le sentiment de jalousie et des questionnements plus profonds liés à la possibilité toujours réelle d'être abandonné, elles peuvent constituer des tentatives visant à réconcilier le désir et la relation. Ceux qui préfèrent limiter leur sexualité au cadre de leur relation amoureuse vivront leur omnigamie en étant capables de communiquer avec l'être aimé, ce qui permet d'intégrer les fantasmes à une relation omnigame vivante.

---

14  Willy Pasini. *Les nouveaux comportements sexuels*, Paris, Odile Jacob, 2003.

L'être humain omnigame peut résister ou céder à une pulsion polygame sans détruire la relation privilégiée de sa vie. De la même façon, il n'interprète pas les désirs polygames de son ou sa partenaire comme une agression contre lui-même. Au passage, il faut peut-être rappeler que les hommes sont souvent plus terrorisés que les femmes par l'idée que leur compagne ait une relation sexuelle avec un autre mâle. Nous sommes prompts à réagir aux invasions de territoire. Pour éviter de longues explications qui n'apportent rien de bon à la vie amoureuse, certains décideront d'adopter une règle élégante de discrétion. L'élégance omnigame inclut aussi l'élégance de la discrétion.

En proposant à l'être humain de faire confiance à la pulsion de plaisir, le projet omnigame rassemble plutôt les conditions propices à l'élaboration du désir, même si la réalisation des fantasmes entraîne sa part de frustration dans son sillage. Ne serait-ce que parce que les êtres vraiment libres, dans leur corps et leur tête, sont plutôt rares.

Pour ceux qui valorisent la relation amoureuse, le champ de réflexion omnigame apparaît comme une source de solidarité et d'humour partagés. Lorsque l'autre ne nous appartient pas, il redevient simplement possible de le désirer.

# Le pénis, la sodomie et l'art d'aimer

## Philippe, le pénis philosophe

*Les monologues du pénis* seraient incomplets s'ils n'incluaient pas quelques réflexions sur le sujet un peu tabou de la sodomie. Si la plupart des hommes rêvent souvent de faire l'amour avec toutes les femmes qu'ils rencontrent, il arrive qu'en faisant l'amour à une femme, les hommes éprouvent le désir d'explorer d'autres pratiques érotiques.

Non pas que la pénétration du pénis dans le vagin soit insuffisante, mais l'esprit aventurier des hommes étant ce qu'il est, le désir d'expérimenter la sodomie émerge parfois d'une façon aussi pressante que tous les autres. En léchant ou en pénétrant une vulve chaude et accueillante, on remarque nécessairement la proximité de l'anus féminin. Durant l'amour, cet orifice prend la même odeur exquise que son sexe. Extérieurement, l'anus semble de même texture et arbore des teintes aussi invitantes que celles du vagin, qui est déjà une œuvre d'art absolue.

Lors d'un cunnilingus inversé, que nous le voulions ou non, la bouche et le nez des hommes glissent gentiment sur l'anus. Dans cet état de plaisir, rien de la fonction de défécation ne subsiste. Lorsque les doigts d'un homme masturbent une vulve, se baladant du clitoris au vagin, tous deux offerts, il est impossible de ne pas remarquer les mouvements de l'anus, qui réagit lui aussi comme de petites lèvres. C'est souvent de cette façon que naît l'idée d'y glisser un doigt, la langue et finalement la queue. D'un point de vue psychologique, les hommes qui s'expriment sur le sujet disent qu'ils aiment «tout» des femmes. Même ce trou associé à tous les rejets, aux insultes et au mépris. Même ça.

Lorsque la partenaire est ouverte à la réalisation des fantasmes, le thème de la sodomie constitue un moment délicat dans une relation amoureuse. Ce désir osera-t-il se dire pour tenter de s'actualiser? Le fantasme de la sodomie demeurera-t-il dans l'ombre du couple à jamais?

Il arrive malheureusement que la sodomie soit une expérience subie. Lorsque le mâle est insensible et étranger aux raffinements amoureux, il prendra d'assaut la zone anale, sans égard pour sa partenaire. Sans se préoccuper de la lubrification, il sera centré sur la satisfaction primaire de son désir exprimé sur un mode de domination. Pour que le couple survive à ce type de pratique, il faudra que la partenaire soit masochiste ou qu'elle ait une propension à le devenir. La plupart du temps, ces coups de force participeront à l'agonie d'une relation déjà destructrice.

Par contre, plusieurs couples intègrent la sodomie à leur vie sexuelle en procédant à l'érotisation progressive de l'anus. Les jeux érotiques qui s'adressent à l'ensemble du corps peuvent inviter lentement la zone anale au plaisir. Une fois détendu et lubrifié par des caresses appropriées, l'anus peut devenir un lieu de plaisir et de jouissance. Mais pour parvenir à ce stade, il faut généralement avoir établi une relation de confiance qui demande du temps.

Rappelons aussi que certains hommes découvrent aussi leur capacité à ressentir du plaisir anal, notamment au cours des massages de la prostate.

Symboliquement, dans une relation amoureuse, le thème de la sodomie peut constituer une occasion pour tenter d'érotiser l'ensemble de l'expérience humaine. Dans cette quête érotique où tout est possible, mais où toutes les limites doivent être respectées, il s'agit de développer un art d'aimer qui vise à jouir de toute la vie et même de ses conflits inévitables.

# Le pénis et l'andropause

## Philippe, le pénis philosophe

Simone de Beauvoir a dit : « On ne naît pas femme. On le devient. » Et les femmes du XXᵉ siècle se sont reconnues dans ce projet de libération. Mais on ne naît pas homme non plus. Il faut aussi le devenir. La liberté n'est jamais une qualité innée et elle s'acquiert chèrement. À la naissance, nous sommes tous des enfants, et devenir adulte est un projet de tous les instants, toujours à parfaire. Et le plus grand défi de l'existence des femmes et des hommes libérés, c'est que nous devons un jour renoncer à tous nos acquis.

Nous devons en effet nous rendre compte que même notre capacité d'aimer, la plus belle qualité humaine, est finalement limitée et mortelle.

Je ne réussirai pas à me maintenir pour toujours dans la force de l'âge. Je ne banderai pas pour l'éternité. Oh, je serai bien obligé d'inventer d'autres sortes d'amour qui donneront de la légende à ma tendresse d'homme. Je tenterai de demeurer un être chaud malgré la froide morsure de la mort qui aura, de toute façon, le dernier mot.

Du point de vue de la solitude, la mort peut être une question philosophique. Je peux y faire face, debout, et je n'aurai qu'à me dire adieu avant que la porte de l'existence ne se referme sur mon histoire. Personne ne me pleurera et ma boucle sera bouclée.

Mais la conscience humaine complique singulièrement les choses. Nous sommes des êtres de relation. Au cours de nos existences, nous lions des amitiés profondes et nous tombons amoureux. Et malgré nous, nous devrons un jour y mettre un terme.

Pour la plupart des hommes, tant que nous avons la possibilité de faire l'amour, cette finale déchirante n'a pas trop d'importance. En état de désir, le corps des hommes agit souvent comme un paratonnerre contre la mort. Lorsque notre sexe est désiré par une femme, nous sommes tous éternels comme Jim Morrison, Jimi Hendrix ou Charlie Chaplin. Quand on se sent aussi vivant, on se fout bien de la mort !

Il y a seulement quelques siècles, l'espérance de vie sur terre était d'une trentaine d'années. Nos ancêtres n'avaient pas le temps de vieillir vraiment. La nature se chargeait de faire disparaître les êtres devenus inutiles pour l'avenir du monde.

Encore aujourd'hui, il y a sûrement quelques avantages à mourir jeune. Dédé Fortin (le chanteur du groupe Les Colocs qui s'est suicidé comme un samouraï), demeurera pour toujours au sommet de sa gloire. Il chantera éternellement, traversé par la folie intense de sa poésie et de son plaisir à la transmettre. Il n'atteindra jamais le sommet des 40 ans et de la seconde partie de la vie, qui lui faisait si peur.

Le désir de ceux qui vieillissent est une force menacée d'épuisement. Peu importe la force du rêve qui nous anime, les systèmes physiologiques sont programmés pour s'éteindre. Le pancréas ralentit, les reins deviennent paresseux, le cerveau s'oublie lui-même, le cœur cesse de battre.

Autre victime de l'augmentation de l'espérance de vie : la peau qui s'étire sous l'effet de la gravité, même si Newton n'y est probablement pour rien. Nous ne vieillissons pas à cause de l'usure du temps, nous vieillissons parce que nos cellules sont programmées pour décliner et disparaître. Le péril est en la demeure. L'envahisseur est à l'intérieur, pillant nos souvenirs et nos désirs.

Comme la ménopause, l'andropause est une haute trahison pour les êtres de désir. À partir de l'âge de 40 ans, la testostérone décline lentement. La nature n'est pas tenue d'assurer la qualité d'érection d'un homme qui ne donnera plus la vie. La nature n'a aucune morale. Nul n'est éternel : qu'il s'agisse d'une étoile, d'une comète, d'un lézard ou d'un dinosaure… La nature nous permet de naître pour un tour de manège, mais nous devrons un jour remettre nos atomes en circulation pour permettre l'émergence d'êtres plus jeunes, plus fous.

Le déclin de la testostérone dans l'organisme entraîne souvent un état de tristesse où la vie elle-même devient difficile à supporter. La lecture du journal est une corvée parce que les guerres nous tuent. Les enfants-soldats semblent entrer dans nos veines. Il est impossible d'oublier l'Afrique où l'espérance de vie, dans certains pays, vient de passer sous la barre des 40 ans. Le sida que nous savons combattre ici décime les pays qui n'ont pas la chance d'être riches. Les incohérences du monde nous atteignent en plein cœur.

Alors que la jeune testostérone permet de relever les défis de l'avenir, de croire que tout est possible ou de penser simplement à autre chose, la diminution de l'hormone de plaisir entraîne un état suprême d'une autre lucidité. L'espoir s'estompe lentement. Remarquez que le monde ne change pas vraiment. En fait, il s'améliore probablement doucement, mais quand nous devons penser à le quitter, il nous apparaît sous un jour résolument absurde.

En état d'andropause avancée, le désir qui nous habitait depuis nos premiers élans de liberté disparaît lentement. Après avoir connu des réveils merveilleusement bandés pendant quelques dizaines d'années, les petits matins deviennent flasques. Les érections ne se maintiennent plus avec autant de vigueur. Les éjaculations sont moins fortes et le plaisir, moins intense. «Au-delà de cette limite, votre ticket n'est plus valable», a écrit Romain Gary, quelques années avant de se suicider.

Pourtant, d'autres prétendent que la baisse de tension physiologique est une condition propice à la paix intérieure. Faire l'amour deviendrait moins l'expression d'un besoin pressant que l'expression d'une complicité profonde qui peut survivre au-delà de 80 ans. L'amitié sincère entre les hommes et les femmes qui ont été et qui demeurent des amants est le cadeau que nous nous souhaitons tous.

Finalement, les avancées scientifiques vont-elles encore nous permettre de mieux vivre certaines étapes cruelles de la vie? Le déjà célèbre Viagra permet d'obtenir des érections malgré les échéances de la nature. Puis, il y a les substituts de la testostérone qui peuvent remplacer le carburant mâle dans un système défaillant. À défaut de régler le problème fondamental, qui est de ne pas être éternel, ça peut toujours nous permettre de mourir heureux. Ou mieux encore, en état de dernière et ultime érection !

# Le pénis et *Le Déclin de l'empire américain*

## Victor, le pénis visionnaire

Dans *Le Déclin de l'empire américain*, le film du cinéaste québécois Denys Arcand, la réflexion universitaire sur la notion de déclin des civilisations est portée par un groupe d'adultes d'abord préoccupés par leur condition narcissique. Tout au long du film, les discussions sur le sexe sont menées rondement, même si les discussions les plus authentiques se déroulent surtout entre les représentants du même sexe. Il semble plus facile de discuter « des vraies affaires » lorsque les hommes parlent des femmes et que les femmes parlent des hommes.

Lorsque les couples se retrouvent pour un souper, les masques conventionnels réapparaissent et les conversations deviennent plus guindées. Il faut l'intervention d'un personnage libre et sauvage, incarné par Gabriel Arcand, pour que les femmes et les hommes apprennent que leurs partenaires ont eux aussi parlé de cul durant tout l'après-midi. Le rocker étant fort déçu de se retrouver autour d'une table en extase devant « une hostie de tarte au poisson », il invite brutalement les convives à déclencher une orgie. L'invitation ne donne lieu qu'à un profond malaise.

Au cours de l'après-midi, où les gars font la cuisine en attendant les filles qui s'entraînent au gymnase, nous assistons à un moment loufoque sur le thème des efforts déployés par les hommes pour réussir à copuler. Au cours d'une danse hilarante, les hommes lâchent leur fou et le personnage de Rémy, lubrique professeur d'université, ironise en évoquant toutes les stratégies à employer pour réussir à faire jouir une femme. L'effet est d'autant plus réussi que tous les hommes ont connu ces moments d'anxiété où ils regardent leur partenaire du coin de l'œil en se demandant de quelle façon ils vont finir par la faire jouir! La langue crampée ou les doigts épuisés par des manœuvres répétées sur le clitoris, plus d'un a abandonné tout espoir de conduire sa compagne au septième ciel.

Des sexologues californiens ont observé plus de 20 000 orgasmes en laboratoire et ont conclu qu'en moyenne 20 minutes étaient nécessaires à une femme pour atteindre l'orgasme. Pour plusieurs femmes, la stimulation clitoridienne prolongée doit durer une demi-heure et plus pour déclencher l'état orgasmique. Quand on sait que l'orgasme masculin est atteint en moyenne après trois minutes, et que certains éjaculateurs précoces y parviennent en quelques secondes, il ne faut pas s'étonner du malaise qui peut exister lorsque le pénis est entièrement chargé de la réussite globale de la relation sexuelle. Résultat, les hommes renoncent souvent au plaisir exquis de l'orgasme féminin pour se concentrer sur leur propre plaisir, en espérant tout de même éviter l'immanquable conversation d'après qui masque une frustration incommunicable.

Dans le *Déclin*, le personnage de Rémy incarne tout à fait ce type d'homme. Habité par un désir plus fort que tout, il est prêt à trahir toutes les formes d'éthiques, relationnelle ou amoureuse. Le professeur d'université s'avère un baiseur incorrigible et à peu près toutes les femmes présentes sont au courant de ses comportements d'obsédé sexuel, sauf sa tendre épouse bien sûr. Nous nous retrouvons alors en plein cœur du stéréotype du mensonge monogame. Bien loin des enjeux collectifs d'une grande civilisation, le film se termine sur la détresse narcissique des personnages confrontés à la vérité. Le mari est volage par définition, et la femme est trompée par essence.

L'épouse détruite se compose un certain courage en jouant du piano pour masquer son désarroi devant l'irresponsabilité sexuelle de son conjoint. Le thème est tout à fait conforme à la réalité d'un grand nombre de couples, mais nous pouvons nous interroger sur l'incapacité intellectuelle de ces élites de notre société en ce qui a trait à l'intégration du plaisir érotique dans la vie amoureuse engagée. Le problème a sans doute été remis entièrement à la génération suivante. Du point de vue émotionnel, le pénis est souvent représenté comme une arme de destruction massive.

Dans la suite du *Déclin de l'empire américain*, le film oscarisé *Les Invasions barbares*, Rémy est encore le centre d'attraction de ses vieux amis, mais cette fois ce ne sera pas pour célébrer sa libido débridée. Ils seront au contraire conviés à l'accompagner dans les derniers moments de son existence qui se terminera volontairement lors d'une cérémonie des adieux.

Alors que le personnage de l'homosexuel a manifestement survécu au sida, c'est plutôt un hétéro libidineux, impénitent et divorcé qui fait face à la grande faucheuse. On apprend aussi que la tendre et héroïque ex-épouse d'Éros a refait sa vie et qu'elle semble avoir dépassé les douleurs de l'adultère. C'est elle qui s'activera pour rassembler les copains de jadis autour de son ex-mari aux prises avec Thanatos. Au passage, une critique un peu lourde et stéréotypée des soins de santé nous rappelle que, quand il faut mourir, il est bien possible que les soins médicaux, quels qu'ils soient, ne nous donnent pas entière satisfaction.

Une fois les compagnons d'antan réunis dans le cadre riche et enchanteur du magnifique chalet du *Déclin*, la folie libidineuse du premier film fait place à la préparation de l'euthanasie de l'animal en chaleur qu'a déjà été Rémy.

En fumant un joint autour d'un feu de camp, les convives font allusion au président français Félix Faure, mort alors que sa maîtresse lui prodiguait une fellation. Les Parisiens de l'époque avaient fait les gorges chaudes en disant que « voulant être César, il ne fut que Pompée ». S'ensuit une série de déclinaisons grammaticales loufoques du verbe « pomper », jeu auquel participent gaiement les femmes qui ont déjà été les maîtresses de Rémy. Face à la mort, il semble bien que la monogamie traditionnelle ait perdu toutes ses prérogatives.

Après avoir baissé les petites culottes de l'élite intellectuelle dans le *Déclin de l'empire américain*, il semble que le réalisateur ait pris le parti, dans *Les Invasions barbares*, de proposer à la société vieillissante des baby-boomers une forme d'érotisation de la mort.

On se prend à espérer que cette ultime pirouette sera réalisable lorsque notre heure sera venue. Comme si les fanfares funèbres des Noirs de la Nouvelle-Orléans pouvaient lancer quelques notes joyeuses dans l'éther en accompagnant le dernier souffle du principal intéressé.

# Conclusion pour l'avenir du pénis

Peut-être est-ce pour rivaliser avec la capacité féminine de donner la vie que les hommes ont imaginé des dieux à visages masculins. La mythologie grecque accepte bien quelques charmantes déesses dans son panthéon, mais le patron absolu demeure un mâle souvent courroucé. Zeus est l'image du pouvoir suprême qui fait écho au dieu unique de la tradition judéo-chrétienne. Le fantasme d'être l'auteur de la vie fait sans doute partie de la quête d'identité masculine.

Au cours de l'histoire de l'humanité, le phallus a souvent été l'objet d'un culte de la fertilité. De l'Antiquité à nos jours, nombre de statuettes et de sculptures phalliques ont été érigées pour obtenir l'abondance des récoltes ou la fertilité des femmes. Même notre ami Obélix, un des irréductibles Gaulois, ne se sépare à peu près jamais de son gros menhir. Et puisqu'il est tombé dans la potion magique lorsqu'il était petit, toutes les femmes le trouvent éminemment sympathique !

Chez la plupart des animaux, les mâles éprouvent le besoin de dominer. Ces comportements sont déterminés par la biologie. En observant sommairement le comportement du lion, il devient assez difficile de préserver son titre de roi des animaux. Le lion est plutôt irresponsable, paresseux et profiteur, sommeillant toute la journée pendant que ses femelles chassent pour le nourrir. Dans l'imaginaire des hommes, le statut royal du lion tient sans doute au fait qu'il peut éjaculer jusqu'à 50 fois en 24 heures !

Chez les humains concernés par la modernité, les hommes peuvent de moins en moins exercer leur domination dans la sphère privée. Il en résulte un défi identitaire qui ne peut se résoudre que par la découverte de nouveaux comportements qui permettent la satisfaction des désirs.

À cet effet, les hommes se rendent de plus en plus compte des avantages d'avoir été libérés du pouvoir. L'accession des femmes à l'indépendance économique a permis aux hommes de découvrir de nouveaux rôles valorisants, dont l'exercice de la paternité. Au plan professionnel, la solidarité économique des couples peut aussi permettre aux hommes de s'investir dans un travail qui répond à leurs véritables aspirations.

Plus important encore, les hommes ont gagné la possibilité de se lier à des femmes vraiment autonomes, dans leur corps et dans leur pensée. Le développement de l'érotisme n'est possible que dans la solidarité des êtres libres. Pour permettre l'émergence de ce nouveau contrat sexuel, nous devrons sans doute remettre en question quelques contraintes liées au modèle monogame qui nous conduit à la répétition d'échecs. Les règles rigides permettent rarement la détente nécessaire à la compréhension de ce que nous sommes.

Afin de libérer un espace de communication propice à l'élaboration du plaisir, il appartient à chacun de comprendre son passé. Dans la sphère intime, les revendications féministes ou masculinistes ne constituent pas une stratégie efficace de résolution de problèmes. Des peuples en conflit utilisent abondamment cet esprit revanchard, en rejetant éternellement la faute sur l'autre. Le résultat en est simplement la perpétuation de la guerre. Pour changer le monde, il s'agit peut-être de commencer par apaiser les relations entre hommes et femmes. Les familles en bénéficieront sans aucun doute.

La vie est courte, et la saison des amours, plus éphémère encore. Le sexe est une confirmation du caractère animal de l'être humain. Nous n'avons pas été abandonnés par des dieux ; nous avons plutôt reçu l'inestimable cadeau de la vie. Il s'agit maintenant de savoir s'abandonner à l'existence pour en jouir pendant que nous en avons la chance.

Le pénis aura un avenir heureux si les hommes et les femmes apprennent à ouvrir les bras.

# Index des textes regroupés par personnage

## Les monologues de Luc, le pénis ludique

## Les monologues de Claude, le pénis en colère

## Les monologues d'Antoine,
## le pénis angoissé

## Les monologues de Philippe,
## le pénis philosophe

# Les monologues de Victor,
## le pénis visionnaire